PENSANDO SOBRE...

DIREÇÕES BÍBLICAS PARA OS DIAS ATUAIS

Publicações RBC

PENSANDO SOBRE...

DIREÇÕES BÍBLICAS
PARA OS DIAS ATUAIS

Mart DeHaan

Pensando Sobre...
Direções Bíblicas Para os Dias Atuais
© 2012 Ministérios RBC

Tradução: Lilian Steigleder Cabral, Elisa Tisserant de Castro, Cláudio Fava Chagas, Luciane Krauser, Cordélia Willik.
Edição e revisão: Rita Rosário, Thaís Soler
Projeto gráfico e capa: Audrey Novac Ribeiro

Dados Internacionais de Catalogação na Publicação (CIP)

DeHaan, Mart
Pensando Sobre... — *Direções bíblicas para os dias atuais*; tradução: Lilian Steigleder Cabral, Elisa Tisserant de Castro, Cláudio Fava Chagas, Luciane Krauser, Cordélia Willik — Curitiba/PR Publicações RBC.
1. Crônicas   3. Estudos bíblicos
2. Vida cristã   4. Fé

Proibida a reprodução total ou parcial, sem prévia autorização, por escrito, da editora. Todos os direitos reservados e protegidos pela Lei 9.610, de 19/02/1998. O texto inclui o acordo ortográfico conforme Decreto n.º 6.583/08.

Exceto quando indicado no texto, os trechos bíblicos mencionados são da edição Revista e Atualizada de João Ferreira de Almeida ©1993 Sociedade Bíblica do Brasil.

Publicações RBC
Rua Nicarágua, 2128, Bacacheri, 82515-260, Curitiba/PR, Brasil
E-mail: vendas_brasil@rbc.org
Internet: www.publicacoesrbc.com.br • www.ministeriosrbc.org
Telefone: (41) 3257-4028

Código: DK124
ISBN: 978-1-60485-588-3

1.ª edição: 2012
1.ª impressão: 2012

Impresso no Brasil • *Printed in Brazil*

SUMÁRIO

Prefácio

Primeira parte: Sabedoria

1. Salomão e sua vida confusa 11
2. O impulso de saltar 16
3. A sabedoria de Agur 21
4. Sabedoria das motivações corretas 26
5. O problema com a graça 31
6. A história do grande peixe do Iom Kipur ... 36
7. Reagindo ao insulto 41
8. Ouro de tolo 45
9. Leis da colheita 49
10. Submissão conjugal e sacrifício 54
11. A sabedoria do encantador de cachorros ... 59
12. Limites tênues 63
13. Questões de autoridade 67
14. Deus em julgamento 71
15. Conhecimento eterno 75
16. Ser um homem 79
17. O que torna algo bíblico? 83
18. A Bíblia e a verdade 87
19. Por que compartilhar a nossa fé pode ser difícil ... 91
20. Cartas embaralhadas 95

Segunda parte: Confiança

21. A paternidade 103
22. Houston, — temos um problema! 108

23. A influência da intercessão 113
24. O melhor amigo do homem 118
25. Profecias não cumpridas 122
26. Sentindo-se abatido 127
27. Por que Paulo não citou Jesus? 131
28. Orar em nome de Jesus 135
29. Relativos e absolutos 139
30. Citando palavras de Deus 143
31. Um por todos. 147
32. Uma fé que funciona 151
33. Duplas famosas 155
34. Quem ou o que mudou? 159
35. A árvore da vida 163
36. Nossos pais 167
37. O rugido da decepção 171

PREFÁCIO

É UM PRIVILÉGIO PARA Publicações RBC apresentar esta compilação de crônicas, nas quais o autor está pensando sobre assuntos extraídos do cotidiano e nos traz orientações bíblicas sobre assuntos atuais. Nelas, vislumbramos palavras de sabedoria e confiança que edificam e inspiram a viver mais intensamente a vida em Cristo.

Diz a Bíblia que o Senhor é o nosso Deus, e que nós somos povo do Seu pasto e ovelhas de Sua mão. Diz também que se hoje ouvirmos a voz de Deus, não devemos endurecer os nossos corações (Salmo 95:7-8).

Na primeira parte os textos sobre a sabedoria refletem os ensinos de Deus que devem ser guardados em nossos corações, pois no tempo certo, quando deles precisarmos, eles estarão lá, para serem aplicados às diversas circunstâncias.

Mart, com estilo alegre, descontraído e agradável facilita ao leitor a compreensão de diversos textos bíblicos contextualizados e perfeitamente úteis para o discernimento da vontade de Deus.

Na segunda parte a confiança é aliada da sabedoria. Portanto, como leitores, ouvintes e praticantes da Palavra de Deus nos dias de hoje temos um vínculo forte de dependência do Pai Celeste.

Que a sabedoria transformadora da Bíblia seja compreensível e acessível a todas as nações e que juntos experimentemos um relacionamento pessoal, dinâmico e diário com o nosso mestre Jesus.

—Os editores do *Nosso Andar Diário*

Primeira parte:

Pensando sobre...

Sabedoria

1
SALOMÃO E SUA VIDA CONFUSA

Sendo o objetivo de nossa missão tornar a sabedoria transformadora da Bíblia compreensível e acessível a todos, dediquei-me a conhecer melhor como a sabedoria de Salomão se cumpriu em Cristo.

Uma das coisas que percebi é a maneira como a sabedoria de Salomão e de Cristo equilibram o seu idealismo moral e seus posicionamentos. Ambas exemplificam atitudes de misericórdia direcionadas aos necessitados que outros desprezariam.

Deduzindo que temos o mesmo interesse naquilo que Deus quer fazer pelas pessoas imperfeitas que vivem neste mundo conturbado, vejamos se este é o ritmo de nossa jornada hoje. De certa distância, seria fácil idealizar Salomão. A Bíblia nos fala da sua riqueza e de suas realizações. Os projetos de construção que ele sonhava para o seu país são tributos à sua visão. Suas compilações de provérbios e as reflexões sobre o significado da vida são tributos à sua contínua busca pelo conhecimento.

Entretanto, ao olharmos mais de perto, vemos que Salomão tinha uma vida difícil e cheia de problemas, com a qual nos identificamos.

Salomão foi o filho gerado pelo casamento de seu pai e Bate-Seba. Ele herdou raízes do lado obscuro de seu pai. A mãe de Salomão era casada com outro homem quando o Rei Davi e ela cometeram adultério. Davi providenciou a morte do marido dela para encobrir o escândalo.

O fato de o Senhor ter amado Salomão (2 Samuel 12:24) e tê-lo tornado um dos homens mais sábios que o mundo jamais conheceu, ilustram princípios estabelecidos através das Escrituras. Deus não nos responsabiliza pelos pecados de nossos pais.

Salomão herdou o trono em meio a um conflito familiar. Quando Davi estava em seu leito de morte, seu filho mais velho, de outra esposa, tentou roubar o trono que fora prometido a Salomão. Em um momento crítico, Bate-Seba interveio e relembrou o rei que ele tinha prometido o trono ao filho deles (1 Reis 1:15-21). Como Deus havia dito a Davi que Salomão seria o rei (1 Crônicas 22:9-10), as mudanças dramáticas nos acontecimentos que se seguiram nos lembram que nossos inimigos não podem nos impedir de fazer aquilo que Deus quer fazer por nosso intermédio.

Os primeiros atos de Salomão como rei aconteceram em uma atmosfera de ajustes culturais e religiosos. Ele casou-se com a filha pagã do Faraó do Egito (1 Reis 3:1), aparentemente, para encorajar um bom relacionamento com os vizinhos ao sul de Israel. Além disso, Salomão e seu povo adoraram em lugares altos usados pelo povo daquela terra numa tentativa de aproximar-se dos seus deuses (1 Reis 3:2-3). Tal tipo de adoração tinha sido proibido desde os dias de Moisés (Deuteronômio 12:2). Contudo, apesar de todos estes erros espirituais, Salomão tinha lugar para o Senhor em seu coração, e Deus foi paciente com ele. A experiência de Salomão nos relembra que em nosso mundo despedaçado, Deus pode trabalhar com o nosso desejo de honrá-lo, mesmo quando não compreendemos como estamos confusos.

UMA DAS MAIS CONHECIDAS DECISÕES DE SALOMÃO FOI TOMADA QUANDO ELE ESTAVA DORMINDO. Até os dias de hoje, Salomão é relembrado pela maneira como respondeu quando o Senhor lhe apareceu em sonhos e deu-lhe a oportunidade de pedir o desejo do seu coração (1 Reis 3:5). Surpreendentemente, Salomão não pediu por saúde ou vida longa. Ao contrário disso, ele pediu compreensão e discernimento para dirigir a nação que lhe fora confiada. Deus afirmou que estava satisfeito com aquele pedido e prometeu dar a Salomão não somente um coração compreensivo, mas também saúde e honra. No entanto, o que alguns esquecem é que Salomão fez este pedido enquanto dormia. Toda a conversação ocorreu durante um sonho (1 Reis 3:15). Esta experiência nos relembra que Deus trabalha conosco de diversas maneiras, que demonstram melhor a Sua bondade, mais do que a nossa.

O PRIMEIRO ATO REGISTRADO DA SABEDORIA DE SALOMÃO FOI RESOLVER UM CONFLITO DE CONSEQUÊNCIAS TRÁGICAS ENTRE DUAS MULHERES. Deus poderia exibir o Seu dom de sabedoria igualando as habilidades de Salomão àquelas da alta sociedade e com os sábios de então. No entanto, o primeiro ato de sabedoria registrado foi o ajuste de contas entre duas prostitutas. Ambas tinham filhos recém-nascidos cujos pais estavam ausentes. Mas uma delas tinha perdido seu bebê por morte acidental e agora afirmava ser a mãe verdadeira do recém-nascido sobrevivente. As duas mulheres apelaram para Salomão para resolver sua disputa. Salomão foi capaz de fazer justiça à verdadeira mãe, pelo impensável ato de pedir por uma espada e ameaçar dividir o menino vivo em duas partes (1 Reis 3:16-28).

Este primeiro ato de justiça praticado por Salomão nos lembra que a percepção de justiça e misericórdia de Deus alcança aqueles que outros rejeitariam como indignos.

SALOMÃO NOS MOSTROU COMO PROCURAR PELOS DOIS LADOS DA NATUREZA HUMANA. Por meio da ameaça de *dividir o bebê*, Salomão nos mostrou que uma daquelas mulheres estava disposta a ver o bebê morto em vez de vê-lo nos braços de outra mulher. A segunda demonstrou que preferia dar a criança à outra em vez de vê-la morrer. Ao trazer à superfície um dos melhores, e um dos piores lados da natureza humana, Salomão nos fez vislumbrar nossos próprios corações. A sabedoria rastreia em nós as evidências de que somos criados à imagem de Deus, e, também rastreia os sentimentos conflitantes que se originam ao declararmos a nossa independência de Deus.

A SABEDORIA DE SALOMÃO NÃO O IMPEDIU DE AGIR COMO UM TOLO. Apesar de todo o entendimento que Deus deu a Salomão, ele acabou fazendo exatamente aquilo que os reis de Israel estavam proibidos de fazer (Deuteronômio 17:14-20). Ele multiplicou sua riqueza pessoal, esposas e parceiras sexuais de maneira excessivamente tolerante. No entanto, no momento que pensamos que ele não poderia ter feito nada pior, Salomão construiu altares aos deuses pagãos de suas esposas nas montanhas que circundavam Jerusalém (1 Reis 11:1-8). A vida de Salomão nos mostra algo muito importante. A sabedoria somente nos ajudará se dela fizermos bom uso.

UMA DAS MAIS IMPORTANTES CONTRIBUIÇÕES QUE SALOMÃO NOS DEIXOU FOI A CONSTATAÇÃO DE QUE SEUS PROBLEMAS E FRACASSOS REALMENTE ACONTECERAM. Pela insensatez de Salomão podemos ver que toda sabedoria do mundo não modifica nossa natureza humana. Quem dentre nós não quer ser mais honesto, mais amoroso e ter mais autocontrole do que a nossa natureza nos permite? Por essa razão, a nossa verdadeira necessidade não é por uma sabedoria que nos permita transformarmos a nós mesmos; pela qual possamos receber o crédito. Nossa verdadeira necessidade é pela sabedoria que vem como um presente da graça de Deus, em Cristo, através de Cristo, e por Cristo (1 Coríntios 1:30). ■

Pai celeste, por favor, ajuda-nos a nunca esquecer que precisamos da sabedoria que nos volta para Jesus, e que flui de Teu Filho. Por favor, capacita-nos a ser eternamente gratos a Jesus pelo Seu sacrifício, e a estar em completa dependência do Seu Espírito, para mostrar a sabedoria que a ti glorifica para todo o sempre.

2

O IMPULSO DE SALTAR

ESTOU EM UM MOMENTO na vida em que gostaria de ter ouvido mais ao longo do caminho. Fico até intrigado quando ouço pessoas falarem sobre uma teologia do ouvir.

Posso compreender que podemos ser descuidados ao ouvir a Deus, ou uns aos outros, até que começamos a compreender com que cuidado Ele ouve nossos corações.

Provavelmente, a maioria de nós está familiarizada com as palavras de Tiago que enfatizam a importância em sermos prontos para ouvir, tardios para falar, e tardios para nos irarmos (Tiago 1:5-19).

No entanto, as palavras de Tiago me revigoraram e quero meditar sobre uma das primeiras lições que Deus ensinou ao Seu povo, após a sua maravilhosa conquista da Terra Prometida.

Em abril de 2006, um homem tentou saltar do topo do Edifício *Empire State*, em Nova Iorque, EUA. No último minuto, os guardas de segurança o impediram fisicamente e a polícia de Nova Iorque o acusou de negligência e de perigo de primeiro grau. Posteriormente, um juiz o absolveu da acusação, citando que o homem havia tomado as medidas necessárias visando garantir a segurança dos outros. O nome daquele homem é Jeb Corliss. Seu esporte radical predileto é saltar das estruturas mais altas do mundo com um paraquedas amarrado às suas costas. Antes de sua tentativa de saltar deste edifício, ele havia realizado três mil saltos com sucesso, incluindo saltos das torres Petronas em Kuala Lumpur — Malásia, a Torre Eiffel — França, e a ponte Golden Gate em São Francisco — EUA.

UM SALTO MAIS PERIGOSO. Por mais perigoso que este esporte radical possa parecer, ainda assim, não é nem de perto tão arriscado quanto tirarmos conclusões precipitadas sobre questões importantes. A Bíblia nos dá este clássico exemplo. Aconteceu por volta de 1400 a.c. e, é tão importante quanto um daqueles "primeiros acontecimentos" que estabeleceu precedente e foi uma advertência para os dias seguintes. A conquista de Canaã que durara sete anos estava acabando. Os soldados que faziam parte das famílias que haviam se estabelecido no lado leste do Rio Jordão tinham ido para casa para reunir-se aos seus familiares (Josué 22).

Quando a paz estava chegando a Israel, alguém no oeste ouviu que as famílias do lado leste haviam construído um altar enorme. Como a lei de Moisés não permitia que existissem lugares não autorizados para a oferta de sacrifício, correu rapidamente o boato que "o lado leste" estava caindo novamente na idolatria.

Os rumores se espalharam e os ânimos se exaltaram, pois um acontecimento inaceitável parecia estar colocando em risco a segurança de todas as famílias.

Apenas alguns anos antes, quando algumas pessoas do povo de Israel se envolveram com a adoração a deuses estranhos, Deus lhes enviou um praga que matou 24 mil pessoas (Números 25:9). Mais tarde, a infidelidade de um homem chamado Acã permitiu que a ira de Deus caísse sobre toda a nação (Josué 7).

Com essas crises nacionais ainda frescas em suas mentes, as famílias do oeste se mobilizaram rapidamente. O relato de Josué nos conta, "Ouvindo isto os filhos de Israel, ajuntou-se toda a congregação dos filhos de Israel em Siló, para saírem à peleja contra eles" (Josué 22:12).

Siló significa "lugar de descanso". Mas os que ali se reuniram estavam prontos para promover uma guerra civil com o objetivo de defender a sua honra e segurança nacional.

PALAVRAS DE SABEDORIA. Entretanto, antes do julgamento precipitado prevaleceu a sabedoria. No Sinai, seus ancestrais já tinham uma lei que previa o que deviam fazer em ocasiões como essa. Se uma comunidade em Israel decidisse desobedecer e adorar outros deuses, eles teriam que inquirir e investigar, "...e, com diligência, perguntarás; e eis que, se for verdade e certo que tal abominação se cometeu no meio de ti, então, certamente, ferirás a fio de espada os moradores daquela cidade, destruindo-a completamente e tudo o que nela houver, até os animais" (Deuteronômio 13:14-15).

Para seguir estas instruções, as pessoas do oeste formaram uma delegação de líderes das famílias para fazer uma investigação dos fatos. Eles pediram a um homem que em crise anterior conquistara o seu respeito para que liderasse o grupo (Números 25:1-9; Josué 22:13-14).

RESPOSTAS INESPERADAS. Quando a delegação encontrou os seus irmãos no leste, eles estavam preparados para o pior, e acusaram as tribos do leste de ignorar o passado, colocando em perigo o futuro de toda a nação.

Então veio a surpresa. Depois de ouvir as acusações, os porta-vozes do leste asseguraram àquela delegação que não pretendiam oferecer sacrifícios naquele altar. Como o Rio Jordão os dividia do restante da família, eles haviam construído o altar como um memorial de unidade nacional (Josué 22:24-27). Eles queriam que as futuras gerações se lembrassem de seu relacionamento com toda a nação e com o Deus de Israel.

Quando a comissão de investigação voltou para casa, todo o povo de Israel celebrou o resultado. O altar não era aquilo que pensavam. Era, nas palavras de seus irmãos, "...um testemunho entre nós de que o SENHOR é Deus" (v.34).

Se tivessem sido precipitados em tirar conclusões antecipadas, teriam concluído erroneamente e muitos teriam morrido. Uma família teria ido à guerra contra si mesma. O nome do Senhor teria sido desonrado na região.

Saltar do Edifício *Empire State* pode parecer negligente e perigoso, mesmo com um paraquedas. Mas nada é mais perigoso para nós e para os outros do que tirar conclusões precipitadas que podem resultar em reputações perdidas, divisões na família, e até mesmo em guerras. O que os filhos de Israel aprenderam naquela época, nós devemos aprender agora. Há tantas maneiras de chegarmos a falsas conclusões! Ouvindo somente um lado de um conflito (Provérbios 18:17), presumindo a culpa pela associação de fatos (Lucas 7:34), pela repetição de informação prejudicial e não confirmada como se fosse um fato verdadeiro (Josué 22:11) são apenas algumas das atitudes precipitadas que nos prejudicam e também aos outros.

Vamos lembrar um ao outro que se um boato é importante o suficiente para causar preocupação, é importante o suficiente para que seja confirmado. ■

Pai que estás nos céus, somos tão propensos a pensar o pior sobre os outros. Somos conhecidos por agir por impulso e por tomarmos partido em situações que nos envolvemos. Queremos mudar por amor a ti e por amor uns aos outros. Por favor, ajuda-nos a aprender os caminhos da sabedoria e paz. Ajuda-nos a ser rápidos para ouvir, tardios para falar e para nos irarmos.

3

A SABEDORIA DE AGUR

COMPARTILHAR INFORMAÇÃO sobre direções, condições das estradas, lugares a visitar e lugares a evitar faz parte da jornada maravilhosa que chamamos vida. Mas será possível que, inconscientemente, percamos as oportunidades de ajudar-nos uns aos outros ao não distinguirmos *o que pensamos* do *que sabemos*?

Meu palpite é que aqueles de nós que temos a Bíblia em alta estima, involuntariamente, possamos dizer coisas que podem deixar outros "viajantes" confusos, mal-direcionados ou pensando se realmente sabemos do que estamos falando. Talvez minhas reflexões possam ajudá-lo em algum momento dessa caminhada.

É doloroso ser citado erroneamente. Lembro-me bem o que senti, quando alguém usou a internet para me acusar de dizer que Mateus estava errado em aplicar o versículo de Oseias 11:1 à pessoa de Jesus (Mateus 2:15). Eu não havia dito isto, mas escrevera um artigo para mostrar que Jesus dá um significado completo aos acontecimentos e princípios claros sobre as profecias.

No entanto, meus sentimentos e minha reputação significam muito pouco se comparados ao que Deus deve sentir quando nós o citamos erroneamente (Jeremias 23:25-32).

Um homem chamado Agur entendeu as consequências de acrescentar ou subtrair algo das palavras de Deus. Ele é um dos meus sábios favoritos porque pensa com um invejável senso de equilíbrio, enxerga a assinatura de Deus na criação, e gosta de ensinar através de enigmas (Provérbios 30).

Convenhamos, a primeira impressão que ele nos causa não é positiva. As primeiras palavras que ouvimos dele são "...porque sou demasiadamente estúpido para ser homem; não tenho inteligência de homem" (Provérbios 30:2). Mas Agur logo nos mostra a razão pela qual se referia a si mesmo desse modo. Ele não valoriza sua própria sabedoria porque tem um alto conceito de Deus (v.3). Ele está estupefato com o pouco que compreende na presença daquele que criou todas as coisas (v.4).

Humilde na presença do seu Criador, Agur percebe o perigo em mal interpretar semelhante Deus e exorta os seus leitores a evitar citações errôneas, Ele diz: "Toda palavra de Deus é pura; ele é escudo para os que nele confiam. Nada acrescente às suas palavras, para que não te repreenda, e sejas achado mentiroso" (vv.5-6).

Será que acrescentamos algo às palavras de Deus sem nem mesmo perceber? Como seguidores de Cristo, cremos que é importante falar sobre o que Deus disse; sobre o que Ele está fazendo em nossas vidas, e também o que Ele deseja que façamos. Porém durante o processo, podemos involuntariamente prejudicar a Sua reputação ao falar casual ou negligentemente como se não houvesse qualquer distinção entre a Sua palavra escrita e a nossa impressão daquilo que Ele quer que façamos.

Pense sobre as consequências ao dizer, "Deus me disse" ou "Deus orientou-me a dizer". Se as pessoas nos ouvem, pensarão que estamos ouvindo vozes? E aqueles que compartilham a mesma fé? Quantos terão a coragem de proteger a reputação de Deus desafiando ou testando o nosso modo de expressar, "Deus falou ao meu coração"? Agur não está só ao perceber o perigo em citar Deus erroneamente. Ele repete Moisés (Deuteronômio 4:2; 13:1-3) e revela o último aviso do Novo Testamento (Apocalipse 22:18-19). Ambos alertam severamente sobre o perigo de acrescentar ou subtrair algo das palavras de Deus que já foram reveladas e escritas.

COMO PODEMOS DAR A DEUS A CONSIDERAÇÃO QUE GOSTARÍAMOS DE TER? Uma das maneiras é pensar sobre o que exigimos uns dos outros. Esperamos que as pessoas que nos citam, honrem não somente nossas palavras, mas também nossa intenção. Também queremos que se alguém usar o nosso nome saiba distinguir o que pensam que diríamos do que realmente ouviram de nossa própria boca.

Se aplicarmos esta mesma consideração a Deus, não o citaremos fora de contexto. Tentaremos proteger não somente Suas palavras, mas também Sua intenção. E igualmente importante: distinguiremos com cuidado entre o que Ele realmente disse e o que "nós pensamos" ou "o que nós cremos" que Ele está nos dizendo ou orientando a fazer.

Acrescentar retratações sinceras e honestas podem ajudar a proteger a reputação de Deus e a nossa integridade. No processo, daremos a outros a permissão para testar e julgar por si mesmos se o que estamos atribuindo a Deus é consistente com o que o Deus da Bíblia disse (1 Tessalonicenses 5:19,21).

Qual o conteúdo de uma citação correta de Deus? Agur diz "Toda palavra de Deus é pura" (Provérbios 30:5). O termo que ele usa para *pura* tem nas entrelinhas a imagem do metal refinado pelo fogo. Sem dúvida alguma, as palavras de Deus são impecavelmente verdadeiras. Também são puras em seu propósito. O que Deus diz emana de um coração que é como um fogo consumidor para tudo o que é enganoso e indigno. O Seu conhecimento é perfeito. A Sua intenção é nobre. Os Seus motivos estão acima de qualquer reprovação. Isto significa que para citar Deus de forma exata, nós precisamos honrar a diferença entre a Sua intenção e os nossos interesses pessoais.

Como podemos resistir à nossa tendência de citar a pessoa de Deus de maneira que sirva nossos próprios interesses? Como exemplo, observemos o que Deus disse sobre o dinheiro. Podemos dizer corretamente que a Bíblia nos encoraja a dar aos necessitados do nosso próprio salário (Atos 20:35; Efésios 4:28). Mas corromperíamos a pureza dessas palavras se afirmássemos que Deus quer que deem dinheiro a outros, ou a Ele, enviando-o ao nosso endereço.

Sinto-me em dívida com o professor que ajuda os seus estudantes a distinguirem entre interpretações e implicações bíblicas possíveis, prováveis e necessárias. Então, façamos isso considerando as palavras de Agur na passagem que estamos estudando. Quando o homem sábio diz, "Toda palavra de Deus é pura... Nada acrescentes às suas palavras, para que ele não te repreenda e tu sejas achado mentiroso" (Provérbios 30:5-6), me parece que:

Uma conclusão *possível* seria: devemos atribuir autoridade àquilo que realmente Deus disse, nem mais nem menos.

Uma conclusão *provável* seria: quando citamos Deus devemos deixar bem claro onde as palavras das Escrituras terminam e onde nossas palavras começam.

Uma conclusão *necessária* seria: que não acrescentemos as nossas próprias palavras àquilo que Deus disse para que não mudemos o significado e propósito do que Deus declarou.

Se este tipo de consideração parecer difícil, é tempo de lembrarmos quão doloroso é ser citado erroneamente. E se Agur estiver correto, então o falar casualmente sobre "o que Deus falou ao meu coração" talvez seja também um momento para refletir sobre como responder a um Deus que é muito mais ciumento do Seu próprio Nome, reputação e credibilidade do que nós da nossa. ■

Pai que estás nos céus, por favor, ajuda-nos a recordar a sabedoria e exortação de Agur. Queremos resguardar a fé de todos os que necessitam ver a diferença entre as Tuas palavras e as nossas.

4

A SABEDORIA DAS MOTIVAÇÕES CORRETAS

Meus pensamentos a respeito de tudo o que cremos e fazemos têm envolvido a minha mente com força total. E nossas crenças e nossos atos influenciam as nossas orações, conversas e relacionamentos — em todas as direções. Pensamentos que influenciam as nossas reações e os maiores e menores detalhes da vida.

Veja se você concorda: Se o crer em Cristo como Salvador pessoal é o *fundamento* de nossa fé, e se as boas obras representam um pedestal que usamos como um *alicerce* sobre o que cremos, então, os princípios de Cristo devem estar no *centro* daquilo que nos distingue como Seu povo.

É certo considerar somente se a lei foi desrespeitada, ou também devemos considerar a razão que motivou tal desrespeito?

Fiquei pensando a este respeito desde que li sobre como um tribunal da Alemanha julgou a multa de um motorista, que foi pego por um radar de controle de trânsito. Quando os jurados tomaram conhecimento das razões que induziram o motorista a ultrapassar os limites de velocidade, as acusações contra ele foram anuladas. Em vez de penalidades, os oficiais enviaram--lhe um boneco de pelúcia que representava um policial segurando um radar de controle de trânsito. Alguém, daquele sistema, importou-se com o fato de o motorista ter ultrapassado o limite de velocidade para conseguir levar a esposa até o hospital, para que tivessem o primeiro filho do casal.

AS MOTIVAÇÕES CORRETAS E OS TRIBUNAIS. A "decisão do júri, em conceder ao réu um boneco de pelúcia", atinge uma questão da lei que foi discutida por Melvin Belli, autor e advogado de defesa, em seu livro *Everybody's Guide to the Law* (Guia de Leis para Todos). Ele escreve: "Para que haja um crime, duas coisas são necessárias: *um ato*... e *um estado de ânimo* em particular. E continua: "Na lei, diz-se com frequência que um ato não é um crime se tiver sido cometido por alguém cuja mente não se considera culpada."

Mas o que quer dizer uma mente culpada? Os estudiosos das leis debatem continuamente se os tribunais deveriam pesar as razões ao considerarem a culpa. Será que uma corte de trânsito deveria estar realmente interessada nos motivos que induzem um motorista infrator a quebrar a lei?

AS MOTIVAÇÕES CORRETAS E A VIDA DIÁRIA. Fora do tribunal é fácil considerar as motivações, mesmo quando elas permanecem difíceis de provar. Se a esposa enxergar rosas vermelhas quando o seu marido lhe trouxer rosas amarelas, provavelmente, a reação dela será essa mais por suspeitar de suas motivações, do que pela cor das flores. Quando grandes empresas dão altas quantias monetárias a campanhas políticas, suspeitamos de algum motivo ilícito para tal ato. Em muitas áreas, procuramos por razões ocultas que se escondem atrás dos presentes, das aprovações pessoais e, até mesmo das boas maneiras.

AS MOTIVAÇÕES CORRETAS E A FÉ. Jesus falou muito sobre as motivações. A Sua abordagem, no entanto, era ajudar-nos a colocar nossa atenção em nossos próprios corações antes de observarmos as faltas dos outros. Devido à nossa propensão a fazer as coisas certas por razões erradas, Jesus disse aos Seus discípulos para que não permitissem que a sua mão esquerda soubesse quando a sua mão direita estivesse dando aos pobres (Mateus 6:3-4). Ele também disse que quando eles orassem deveriam fazê-lo secretamente, em vez de tornar a sua espiritualidade um ato público (vv.6,18).

A MOTIVAÇÃO CORRETA CAUSA ALGUMA DIFERENÇA? Se não formos cuidadosos, poderemos fazer as melhores coisas pelos piores motivos. Os nossos objetivos combinam com as nossas crenças e ações para moldar o caráter da nossa fé, nosso amor e nossa alegria. Eles alimentam a cega ambição e a amarga inveja. Determinam se usamos o conhecimento bíblico para ajudar, controlar ou condenar os outros e enganá-los sobre seu dinheiro. As motivações erradas podem causar vergonha às ações honrosas, assim como os bons motivos podem transformar a tarefa mais humilde em algo nobre.

DE ONDE VEM A MOTIVAÇÃO CORRETA? O maravilhoso da motivação é o fato de sua fonte e história não estar limitada a uma consciência ou ordem que diz: "Você é, deve, ou é obrigado a fazer." De acordo com Jesus e com a Bíblia, se nós amamos, é *porque* Deus nos amou primeiro (1 João 4:19). Se tivermos o tipo certo de fé ao enfrentarmos a noite mais escura é *porque* o nosso Deus se mostrou mais digno de confiança do que as nossas circunstâncias.

Mas pensando sobre de onde vem a motivação correta surge outra importante pergunta.

O QUE ACONTECE QUANDO A 'MÚSICA' PARA?

Jó enfrentou esta questão. De acordo com a Bíblia, ele era um dos homens mais ricos do mundo, até suas motivações para servir a Deus terem sido desafiadas.

À medida que a história se desenrola, o nome de Jó é mencionado em uma conversa entre Deus e o diabo. O Rei dos céus destaca Jó como exemplo de alguém que permaneceu fiel a Ele. Satanás, no entanto, reage, atacando as razões de Jó. Ele argumenta que Jó vê Deus como uma segurança para o seu sustento e diz que se Jó não obtivesse o que queria, o cidadão do Rei estaria blasfemando em vez de orando.

Dessa forma Deus permitiu que Satanás testasse o coração de Jó. Em ondas de terríveis desgraças, Jó é destituído e confundido pela dor e pesar. Por quê? Por que Deus permitia que isto acontecesse? Quanto mais Jó procurava encontrar respostas, mais amargo e irado ele se tornava.

Jó tentara ajudar os outros, em sua vida anterior às desgraças (Jó 29), mas agora ele luta desesperadamente para defender a sua reputação. Até os seus amigos o acusam de esconder o escândalo, que eles acreditam ser a explicação dos sofrimentos de Jó.

As terríveis provações de Jó acabam somente quando Deus intervém, (Jó 38–42). As nuvens de desespero se afastam de Jó somente quando Deus abre os seus olhos e o capacita a ver a maravilha e a sabedoria do seu Criador como ele nunca vira antes.

Somente então, Jó declara: "Eu te conhecia só de ouvir, mas agora os meus olhos te veem. Por isso, me abomino e me arrependo no pó e na cinza" (Jó 42:5-6).

As razões para Jó permanecer leal a Deus foram testadas. Suas razões para temer a Deus e odiar o mal (Jó 1:8) foram refinadas nos momentos de crise. E agora com a alma desnuda, ele adorou a Deus *porque* ele percebera que *somente* Deus merece a confiança na noite mais escura da nossa alma.

Milhares de anos mais tarde, a história de Jó nos ajuda a perceber que, em certo sentido, Satanás disse algo que deve ser considerado. Nos tribunais dos céus e da terra, as motivações contam. Se não formos cuidadosos, os *motivos* pelos quais procuramos a Deus podem dizer mais sobre os nossos desejos do que sobre a nossa confiança em Seu poder, sabedoria e honra eterna (Tiago 4:1-3). ■

Pai celestial, somos muito propensos a nos preocuparmos com as motivações dos outros, enquanto desconsideramos as nossas próprias. "Sonda-me, ó Deus, e conhece o meu coração, prova-me e conhece os meus pensamentos; vê se há em mim algum caminho mau e guia-me pelo caminho eterno" (Salmo 139:23-24).

5

O PROBLEMA COM A GRAÇA

Com o passar dos anos, algo aconteceu em meu coração. Já não me sinto mais tocado por convites que apelam à *falta de compromisso*. Embora até desejasse que este padrão de atitude fosse uma opção, me convenci de que o meu amor, honestidade e comprometimento com Cristo são imperfeitos por motivos diferentes e pela inconsistência da fé. Em vez disso, eu progressivamente anelo pelas misericórdias e imerecida bondade divina.

Muitas vezes, fico pensando nas palavras que alguém ouviu meu avô dizer um pouco antes de morrer. Ao refletir sobre as experiências que deixava para trás, inclinou sua cabeça e disse a um amigo, "A graça de Deus... a graça de Deus. Não fora a graça de Deus e eu teria fracassado."

Agora, essas palavras também encontram guarida em meu coração, e por essa razão gostaria que você percebesse, se o texto saciará a sua sede pelos favores imerecidos de Deus.

A graça é o *alimento pronto* da dieta espiritual? Será que o *favor imerecido* seria a guloseima dos preguiçosos?

Por definição, graça é um *favor imerecido* que Deus utiliza para demonstrar a bondade que não merecemos. Aproxima-se muito da Sua misericórdia, por intermédio da qual, Ele retém a punição que merecemos.

O PROBLEMA COM A GRAÇA é o fato de ela *poder* ser mal compreendida e utilizada para tirar de nosso interior o pior que temos a oferecer.

- Aqueles que se consideram merecedores dos benefícios que não receberam podem tirar vantagens da graça.
- Aqueles que praticam o erro, com a intenção de pedir perdão em outra oportunidade, podem encará-la como uma rede de proteção.

No entanto, há o outro lado da graça, que todos os abusos e más notícias ao redor do mundo não mudaram.

O LADO POSITIVO DA GRAÇA é o fato de poder trazer à tona o melhor que há em nós, mais do que qualquer ameaça moral, desafio, ou educação jamais poderia. Mais do que qualquer droga, sonho ou sorte, a graça pode animar o espírito e fortalecer o caráter de alguém que descobre o quanto precisa dela, como ela está disponível aos que a buscam, e como Deus está pronto para concedê-la àqueles que se humilham perante Ele (Tiago 4:6).

Não precisamos nos preocupar se a existência desta *graça imerecida* é boa demais para ser verdade, pois esta é uma das revelações mais maravilhosas contidas na Bíblia. De acordo com a sabedoria que transforma a vida, que encontramos nas Escrituras, e nossa própria experiência, já devemos nossas vidas e, eterna gratidão, ao que os teólogos comumente chamam de graça de Deus.

A GRAÇA DIVINA refere-se aos incontáveis, imerecidos, dons naturais que Deus nos deu e que tornam nossas vidas confortáveis e até mesmo possíveis.

Jesus falou sobre este tipo de graça ao dizer que Deus concede o sol e a chuva a todos nós, sejamos nós seus amigos, agradecidos ou não (Mateus 5:43-45; Lucas 6:35).

O apóstolo Paulo referia-se à graça divina quando escreveu: "...o qual [Deus], nas gerações passadas, permitiu que todos os povos andassem nos seus próprios caminhos; contudo, não se deixou ficar sem testemunho de si mesmo, fazendo o bem, dando-vos do céu chuvas e estações frutíferas, enchendo o vosso coração de fartura e de alegria" (Atos 14:16-17).

Somos tão dependentes da graça divina que nem podemos alcançar Deus com as nossas mãos abertas, ou com os punhos cerrados, sem a vida e força que Ele nos concedeu.

A GRAÇA DIVINA, no entanto, é somente o início do *favor imerecido* de Deus para nós. De acordo com o apóstolo Paulo, nossas vidas dependem das misericórdias de Deus que, por conseguinte, nos levam a um tipo mais individualizado de graça (Romanos 2:4).

Os teólogos falam de uma segunda demonstração do *favor imerecido* de Deus, que nos é concedido por meio da fé.

A graça redentora refere-se ao que Deus está pronto a fazer por aqueles que confiam em Sua livre oferta de resgate em Cristo.

O apóstolo Paulo tinha em mente a graça redentora de Deus quando escreveu "Justificados, pois, mediante a fé, temos paz com Deus por meio de nosso Senhor Jesus Cristo; por intermédio de quem obtivemos igualmente acesso, pela fé, a esta graça na qual estamos firmes; e gloriamo-nos na esperança da glória de Deus" (Romanos 5:1-2).

Se realmente compreendêssemos o que estava por trás dessas antigas palavras tão inspiradas, tenho certeza que não seríamos capazes de conter nossa alegria e o sentimento de admiração.

Se realmente compreendêssemos a graça, provavelmente cantaríamos, dançaríamos, gritaríamos ao ponto de exaustão, e então mergulharíamos em estado mental mais sereno, calmo e grato, antes de retornarmos à estrada desta maravilhosa jornada de fé!

É difícil exagerar sobre a importância da graça redentora. Nada vale mais do que o relacionamento com Cristo, oferecido livremente, mas que nenhum de nós mereceu, e que jamais poderíamos retribuir.

Mas aqui também precisamos dar outro passo no caminho da verdade. Generoso como Deus é com Sua graça divina e redentora, Ele é muito sábio e bom para, no processo, suspender a lei das consequências sociais.

Seria inimaginável viver num mundo sem a graça, seria ainda pior viver num mundo sem consequências. Sem o medo das consequências, nós estaríamos mais propensos a querer o sangue pelo sangue, daqueles que, após nos ferirem, precisam de nossa ajuda.

É maravilhoso o fato de a graça poder agir em vidas completamente destroçadas com generosidade, sabedoria e suavidade. Como a sabedoria da graça não surge de nossas próprias forças, ela nos capacita a equilibrar o *favor imerecido* de Deus com a consequência da justiça.

GRAÇA E CONSEQUÊNCIA. A graça que perdoa as pessoas do mercado financeiro arrependidas pelas fraudes praticadas contra fundos de investimentos, não os deixará responsáveis pelos recursos financeiros da empresa. O *favor imerecido* pode oferecer condições de restituição como uma maneira de esquecer os erros passados.

A graça que perdoa um pedófilo arrependido não permitirá que esta pessoa entre em contato com crianças, livremente, sem supervisão. O *favor imerecido* oferecerá aceitação e limites razoáveis como opção para a redenção de uma vida perdida.

A graça que demonstra misericórdia a um funcionário que repetidamente falhou em cumprir as exigências do trabalho, não exige a continuidade de empregar aquela pessoa. O *favor imerecido* pode ser demonstrado ao conceder uma indenização justa e ajuda para encontrar um trabalho que atenda melhor a capacidade daquela pessoa e as necessidades do momento.

A graça que perdoa um cônjuge por abuso, adultério, ou abandono, não significa necessariamente a continuidade do casamento. O *favor imerecido* será adequado em um relacionamento não atingido por mágoa e rancor.

Em cada um destes exemplos, a graça de alguma maneira reflete um *favor imerecido* consistente com a graça divina e redentora de Deus. Ao não ignorarmos o passado, esta graça redime o futuro. ■

Pai celeste, juntos nós reconhecemos que tens nos mostrado este tipo de graça, no preço que o Teu Filho pagou por nosso resgate. Perdoa-nos por considerar a graça que Ele comprou para nós como se fosse um alimento pronto, tipo fast-food. Levantamos novamente as nossas mãos agradecidas por Teu favor imerecido, enquanto oramos, "Dá-nos hoje o pão diário, e perdoa as nossas dívidas assim como perdoamos os nossos devedores...".

6

A HISTÓRIA DO GRANDE PEIXE DO IOM KIPUR

Muitos de nós imaginamos como o Deus da Bíblia poderia ter "pessoas escolhidas". Por que o Senhor do céu poderia "escolher" algumas pessoas e outras não? Como sabemos muito bem, incontáveis argumentos a respeito desta questão tão divergente têm dilacerado amizades, igrejas e denominações.

Em meio a toda esta confusão, há uma pequena história na Bíblia, muitas vezes despercebida, que oferece uma perspectiva importante para esta questão tão difícil.

No entanto, apesar de não compreendermos muitas coisas sobre os caminhos de Deus, existe uma certeza: quando Deus chama alguns para serem Seus "escolhidos", Ele o faz para o bem de todos.

No dia de Iom Kipur, o mais solene do calendário judeu, a história do grande peixe é lida nas sinagogas. Enquanto os fiéis jejuam, confessam seus pecados e refletem sobre as palavras de Moisés e Isaías, eles ouvem mais uma vez o relato de uma captura e libertação; tão impressionante que ninguém jamais acreditaria se não constasse na Bíblia.

De todas as leituras que poderiam ser escolhidas no dia mais santo do ano, alguém iniciou a tradição com a leitura do livro de

Jonas. Mas por quê? Por que os judeus leem sobre o profeta que fugiu de Deus, foi capturado por um grande peixe e milagrosamente liberto para cumprir uma perigosa missão, no local onde hoje está a nação do Iraque.

Os rabinos têm explicações diferentes sobre a leitura do livro de Jonas, neste feriado comumente chamado o Dia da Expiação. Um professor israelense afirma que a história de Jonas é mais sobre o arrependimento do que sobre o peixe. Alguns explicam que Jonas é uma evidência de que ninguém pode escapar da presença de Deus, mesmo que tente fugir do Todo-poderoso. Outros acreditam que o livro de Jonas é lido no Iom Kipur na esperança de que os ouvintes aprendam com os erros do profeta. Um rabino disse: "Deus se importa com todos. Jonas se importa apenas consigo. Deus vence."

Cada uma destas explicações tem bons argumentos. Porém, a última me deixa mais intrigado. A história de Jonas é, sobretudo, a respeito de um homem resolutamente egoísta, que ficou satisfeito em receber a misericórdia de Deus quando pensou estar morrendo no estômago de um grande peixe (Jonas 2:9). Porém, ele nada queria com um Deus que podia ser "clemente, e misericordioso" com os inimigos de Israel.

Antes de sermos severos demais com Jonas, pensemos em Nínive.

Nos dias de Jonas, Nínive era a próspera capital do poderoso império da Assíria. Os seus soldados tinham a reputação de torturadores dos prisioneiros de guerra. Os rumores das atrocidades assírias eram tão ameaçadores que as vítimas, geralmente, se entregavam sem lutar.

Deus enviou Jonas a este povo, e disse: "Dispõe-te, vai à grande cidade de Nínive e clama contra ela, porque a sua malícia subiu até mim" (Jonas 1:2). É surpreendente que quando Jonas finalmente proclamou a mensagem de Deus nas ruas de Nínive, a cidade inteira se arrependeu. Até os animais tinham panos de saco nos lombos após o rei da Assíria declarar como um profeta: "...mas sejam cobertos de pano de saco, tanto os homens como os animais, e clamarão fortemente a Deus; e se converterão, cada um do seu mau caminho e da violência que há em suas mãos. Quem sabe se voltará Deus, e se arrependerá, e se apartará do furor da sua ira, de sorte que não pereçamos?" (Jonas 3:8-9).

Para a tristeza de Jonas, seus piores medos se tornaram realidade. Deus demonstra misericórdia aos inimigos de Israel quando vê a mudança em seus corações. Jonas se enfurece, como se ele e seu povo merecessem algo que ninguém poderia alcançar, e ele reclama: "Ah! SENHOR! Não foi isso o que eu disse, estando ainda na minha terra? Por isso, me adiantei, fugindo para Társis, pois sabia que és Deus clemente, e misericordioso, e tardio em irar-se, e grande em benignidade, e que te arrependes do mal. Peço-te, pois, ó SENHOR, tira-me a vida, porque melhor me é morrer do que viver" (Jonas 4:2-3).

Em seguida, a história torna-se mais interessante. Enquanto Jonas aguardava sentado fora da cidade esperando ver os próximos acontecimentos, Deus fez crescer uma planta para fazer-lhe sombra, e ele sente-se agradecido. Em seguida, Deus envia um verme para feri-la. A planta seca, deixando Jonas não somente queimando sob o sol do Oriente Médio, mas também furioso com Deus. As últimas palavras do profeta não demonstram qualquer mudança em seu coração. Ele estava tão fora de si e com tanta raiva, que o Senhor perguntou: "É razoável essa tua ira por causa da planta?" E Jonas responde: "É razoável a minha ira até à morte" (Jonas 4:9). À medida que esta história chega ao fim, Deus persiste em incitar a consciência de um homem que está mais preocupado com a planta que lhe dera sombra do que com o povo de Nínive, carente de misericórdia.

A história de Jonas acabaria neste ponto, não fosse pela possibilidade de, desde então, outros ainda aprenderem com os erros dele. E nós? Será que este profeta infeliz poderia nos ajudar a fazer deste, o nosso dia de arrependimento ao lembrar-nos que Deus se importa com cada um? Somos propensos a nos importarmos apenas com as nossas vidas. Contudo, conosco ou não, no final, a maneira de Deus prevalecerá.

Desde o início, o plano de Deus era mais nobre do que permitir que uma família desfrutasse uma terra de leite e mel. Ele derramou Seu amor aos Seus "escolhidos" para um propósito maior que eles mesmos. Envolvidos por Seu amor, foram chamados a comunicar ao mundo a importância da misericórdia, paciência e compaixão de Deus aos corações arrependidos. Quando Jesus veio, alguns notáveis líderes religiosos pareciam ter esquecido a missão de Deus para Israel. Como ecos de Jonas, acreditavam que os povos não-judeus eram impuros, intocáveis e indignos da misericórdia de Deus.

De maneira completamente involuntária, estes religiosos moralistas imitaram Jonas muito bem. Embora não soubessem, na época, estavam com raiva do Deus que desejava demonstrar misericórdia aos seus inimigos.

E quanto a nós? Será que temos os mesmos hábitos de Jonas? Será que isso poderia acontecer conosco nos dias de hoje? Caso ocorresse, seria necessário um "grande peixe" para fazer-nos retornar? Ou estamos dispostos a transformar a experiência deste profeta em nosso dia de arrependimento pessoal? ∎

Pai celestial, posso ver Jesus e Jonas em mim. Um se importa com todos; o outro se importa apenas consigo mesmo. Um morreu por mim; o outro me matou inúmeras vezes. Por favor, renova em mim agora um verdadeiro coração de arrependimento e disposição para permitir o Teu amor aos "assírios" por quem Teu Filho morreu.

7

REAGINDO AO INSULTO

Gostaria de ter recebido uma quantia em dinheiro para cada vez que tivesse permitido que um insulto trouxesse à tona o pior em mim, ao invés do melhor. Mas pensando bem, isso é muito doentio. Mesmo querendo um sorriso de aprovação como recompensa por todas as vezes que paguei o mal com o mal, desejar isso, provavelmente, traz clareza às questões importantes.

Talvez esse seja um motivo pelo qual fico tão intrigado com uma história bíblica sobre como "um homem segundo o coração de Deus" reagiu com notável graça a um horrível insulto — num dos piores dias da sua vida. O que fez a diferença? Espero que você dedique um momento para me acompanhar e juntos escutarmos o chamado para atingir lugares mais elevados.

Através da internet ou da televisão, boa parte do mundo viu um jornalista iraquiano atirar seus dois sapatos num presidente norte-americano.

No entanto, o incidente dos sapatos foi um constrangimento pequeno se comparado à demonstração pública de desprezo descrito na Bíblia.

Este insulto ocorreu numa das fases mais difíceis na vida de Davi, rei de Israel. Um dos filhos do próprio Davi tinha tomado à força o controle do exército de Israel e estava forçando seu pai e os amigos deste a deixarem Jerusalém, temendo por suas vidas (2 Samuel 15–16).

Como se não fosse suficiente ter de deixar a cidade em lágrimas, com a cabeça coberta e os pés descalços (2 Samuel 15:30), alguém começou a celebrar o momento. Em algum lugar entre Jerusalém e o vale do Jordão, um homem irado começou a atirar pedras e acusar Davi de ser um assassino que, finalmente, estava recebendo o que merecia por todos os seus erros (16:5-8).

Reagindo ao insulto, um dos oficiais de Davi se ofereceu para decapitar aquele "cão morto". Mas Davi não lhe permitiu. Em vez disso, o rei sugeriu que talvez Deus estivesse dizendo algo a ele por meio dos insultos.

Até mesmo nesse horrível momento, Davi parece dar-nos uma indicação do motivo de a Bíblia relembrá-lo como um homem segundo o coração de Deus. Ele tinha sido humilhado e quebrantado por seus próprios erros. Sabia que sua liderança de Israel fora maculada por erros pessoais, que incluíam um caso amoroso com uma mulher casada e uma conspiração para que o marido dela fosse morto.

Neste momento, Davi teria tido razão para imaginar se Deus estava lhe dando o que merecia.

De acordo com 2 Samuel 13, Amnom, o filho primogênito de Davi, violou sua meia-irmã Tamar. Dois anos mais tarde, Absalão, o irmão de Tamar, emboscou e matou Amnom por desgraçar sua irmã.

Essas perdas partiram o coração de Davi. Um filho estava morto, uma filha fora violentada e estava desolada, e o outro filho estava no exílio por assassinar seu irmão.

Anos se passaram antes que Davi concordasse em deixar Absalão retornar a Jerusalém. Contudo, quando o rei estava pronto para a reconciliação, Absalão tinha outros planos. Profundamente amargurado pela relutância de seu pai em vê-lo, ele não aceitou a transformação do coração de Davi. Em vez disso, conspirou para usar de lisonja e de sua própria boa aparência para conquistar os corações de Israel e tornar-se rei no lugar de seu pai.

Quando Davi ouviu dizer que os homens de Israel tinham se juntado a Absalão, percebeu que ele e seus amigos precisavam sair da cidade para não serem mortos por seu próprio filho.

Quando o rei e seus amigos deixaram a cidade, um parente de Saul, chamado Simei, fez um escândalo, atirando pedras e amaldiçoando o rei (16:5-6).

Quando Abisai se ofereceu para matar Simei, Davi o impediu. Em vez disso, o rei revelou que Deus poderia estar falando com ele por intermédio das maldições de Simei.

Com o coração despedaçado, "Disse mais Davi a Abisai e a todos os seus servos: Eis que meu próprio filho procura tirar-me a vida, quanto mais ainda este benjamita? Deixai-o; que amaldiçoe, pois o SENHOR lhe ordenou. Talvez o SENHOR olhará para a minha aflição e o SENHOR me pagará com bem a sua maldição deste dia. Prosseguiam, pois, o seu caminho, Davi e os seus homens; e também Simei ia ao longo do monte, ao lado dele, caminhando e amaldiçoando, e atirava pedras e terra contra ele" (16:11-13).

Assim como o temor que Davi tinha do Senhor o havia, uma vez, impedido de levantar a mão contra o irado rei Saul (1 Samuel 24:6), ele agora demonstrava uma prudência semelhante diante de um dos parentes irados de Saul. Por não ordenar que Simei fosse morto, o idoso rei de Israel demonstrou sua disposição para ser ensinado — até mesmo por um inimigo irado e descontrolado.

A reação de Davi me faz refletir sobre como minha vida teria sido diferente se eu sempre tivesse lidado com críticas e insultos com um coração disposto a aprender. E se, diante de insultos muito menos ofensivos, eu tivesse aproveitado a ocasião para refletir se nosso Deus estava, amorosamente, dizendo-me algo — mesmo através da voz indignada e das acusações de uma crítica? E se todos nós, como o sábio Davi, aprendêssemos com um mau momento? O que de pior poderia nos acontecer se permitíssemos que as acusações de um inimigo nos fizessem voltar nossas mentes a Deus? Teríamos desperdiçado o nosso tempo sendo suficientemente sábios para escutar uma meia verdade nas palavras grosseiras de alguém que não tivesse qualquer interesse em nos bajular? Mesmo se os atuais ataques fossem notícias antigas, pecados perdoados ou completamente indesculpáveis, nós seríamos mais fracos pela experiência se usássemos a ocasião para relembrar que a verdade sobre nós é, provavelmente, muito pior do que qualquer um dos nossos inimigos humanos pudesse conhecer? Será que lembrar-se do quanto temos precisado da misericórdia de Deus seria algo de que nos arrependeríamos? ∎

Pai celestial, ajuda-nos, por favor, a sermos tão sábios quanto Teu servo Davi. Dá-nos a graça de buscar Tua voz nas acusações do nosso "inimigo". Mesmo que, desta vez, ouçamos somente as mentiras de um acusador, ajuda-nos a lembrar como, no pior momento do Teu Filho, Ele não retribuiu mal com mal, mas submeteu-se à humilhação pública e à maldição que nós merecíamos.

8

OURO DE TOLO

POR ESSA NÃO ESPERÁVAMOS, não é mesmo? De uma maneira ou outra, todos nós temos que reagir aos problemas que não pedimos ou esperávamos e para isso, precisamos de sabedoria para não piorar uma situação difícil.

Mas onde podemos encontrar tal discernimento e como reconhecê-lo no momento certo? Por que afirmamos que a nossa missão é contribuir para que a sabedoria transformadora da Bíblia seja compreensível e acessível a todos?

A Corrida do Ouro na Califórnia, em 1848, teve a sua parcela de garimpeiros que pensavam ter ficado muito ricos — até descobrirem a existência de uma pedra cintilante que veio a ser conhecida como ouro de tolo. Muitos viram seus sonhos desvanecerem-se no brilho metálico e na tonalidade amarelo-latão de um mineral relativamente sem valor, denominado pirita de ferro.

Tal desencanto encontra ressonância em tudo nas nossas vidas. Cedo ou tarde, cada um de nós aprende que "nem tudo que reluz é ouro". Aquilo que parece uma pechincha não é, necessariamente, um bom negócio. Pessoas nas quais depositamos nossa confiança ferem os nossos sentimentos.

De muitas maneiras, precisamos de sabedoria para enxergar a diferença entre um verdadeiro tesouro e uma imitação sem valor.

Muito tempo atrás, um rei da antiguidade descobriu que encontrar a verdadeira sabedoria vale mais do que qualquer outra coisa que estejamos procurando. Salomão escreveu: "Feliz o homem que acha sabedoria, e o homem que adquire conhecimento; porque melhor é o lucro que ela dá do que o da prata, e melhor a sua renda do que o ouro mais fino. Mais preciosa é do que pérolas, e tudo o que podes desejar não é comparável a ela" (Provérbios 3:13-15).

Salomão, porém, acrescenta uma advertência. Ele alerta os possíveis caçadores de tesouros de que uma busca por sabedoria pode deixar-nos com algo pior que ouro de tolo. Em sua coleção de provérbios, ele pergunta: "Tens visto a um homem que é sábio aos seus próprios olhos? Maior esperança há no insensato do que nele" (26:12).

Outra maneira de dizer isso poderia ser: "Você vê pessoas que pensam saber tudo? Se elas não abrirem os olhos, jamais saberão, tanto quanto uma pessoa que descobre como tem sido tola."

O entusiasmo de Salomão pela sabedoria e sua incisiva advertência são captados por um escritor do Novo Testamento. O autor, ao identificar-se como "Tiago, servo de Deus e do Senhor Jesus Cristo", une-se a Salomão ao afirmar que a sabedoria vem de Deus (Tiago 1:1,5). Ele nos encoraja a pedi-la com todo o nosso coração (1:5-6). Porém, mais adiante, Tiago também nos adverte a tomar cuidado com a falsa sabedoria (3:13-18).

Para certificarmo-nos de que compreendemos como testar e reconhecer um tesouro que é mais valioso que ouro, Tiago escreve: "A sabedoria, porém, lá do alto é, primeiramente, pura; depois, pacífica, indulgente, tratável, plena de misericórdia e de bons frutos, imparcial, sem fingimento" (Tiago 3:17).

Em meio aos verdadeiros conflitos, infortúnios e tentações que invadem a vida de todos nós, não podemos nos dar o luxo de esquecer estas marcas de identificação. O tesouro mais valioso do que qualquer outra coisa que poderíamos desejar é:

1. *Puro.* Uma vez que nossa sabedoria vem de Deus, ela não será poluída com as toxinas da inveja e da ambição egoísta (Tiago 3:14-16). Tampouco, seu discernimento nos deixará indecisos sobre desejar a ajuda de Deus nas dificuldades e conflitos das nossas vidas (1:5-7).
2. *Pacífico.* Este não é um desejo de paz a qualquer preço. Por ser uma sabedoria fundamentada em motivos puros, anseia atrair os outros numa harmonia que tem sua origem em Deus. Tiago clama por paz baseada na verdade e no amor ao reagir aos conflitos que estão dividindo a família de Deus.
3. *Indulgente.* Para expressar mais detalhadamente a sabedoria que ama a paz, Tiago utiliza uma palavra que carrega o significado de ser bondoso e tolerante com os outros. Esta força está sob o nosso controle e nos capacita a fazer concessões uns aos outros. A mansidão razoável, justa e imparcial, nos ajuda a demonstrar o nosso amor e a boa vontade de Cristo diante de um conflito real ou suscetível de acontecer.
4. *Tratável.* Considerando as condições e classificações anteriores, agir assim não significa uma rendição ao mal. Reflete a disposição para desistir dos nossos próprios direitos, quando isso expressar a força da nossa preocupação com os outros. Essa submissão também nos dá a oportunidade de demonstrar, por meio de nossos atos, que cremos que o nosso próprio bem--estar não está em vitórias ou em nosso próprio caminho, mas em confiar-nos a Deus.

5. *Pleno de misericórdia e bons frutos.* A sabedoria que vem de Deus traz discernimento, mas não julgamento. Ela também não pressupõe, insensivelmente, que aqueles que estão sofrendo merecem sua dor mais do que aqueles que são abençoados com boas circunstâncias. As atitudes que se somam aos problemas de pessoas feridas refletem a "sabedoria terrena". A sabedoria que vem do alto busca aliviar as suas misérias.
6. *Imparcial.* A falsa sabedoria nos ensina a lisonjear e favorecer aqueles que têm algo a nos oferecer. Faz-nos ignorar e desrespeitar as pessoas cujos problemas poderiam custar-nos tempo, dinheiro ou esforço. A verdadeira sabedoria enxerga a todos como pessoas por quem Cristo morreu.
7. *Sem fingimento.* Sermos sábios aos nossos próprios olhos nos induz a encobrir as motivações que demonstram a nossa verdadeira natureza. A sabedoria de Deus nos capacita a sermos verdadeiros e transparentes em nosso amor e respeito pelos outros. ■

Pai celestial, ajuda-nos a compreender como tal conhecimento pode nos impedir de sermos sábios aos nossos próprios olhos. Ensina-nos a utilizar estes conhecimentos não apenas para confiarmos naquilo que Tu disseste, mas para entregarmo-nos ao que somente o Senhor pode saber e fazer por nós. Acima de tudo, Pai, ajuda-nos a entender de que maneira tal sabedoria nos leva aos infinitos e eternos benefícios de conhecer Teu Filho "...em quem todos os tesouros da sabedoria e do conhecimento estão ocultos" (Colossenses 2:3).

9

LEIS DA COLHEITA

JÁ OUVI OS FAZENDEIROS dizerem que, numa noite silenciosa, é possível escutar o milho crescer. Não vou duvidar deles. Ouvir as coisas acontecerem numa plantação é, possivelmente, mais provável do que ser capaz de vê-las acontecerem.

O crescimento espiritual, em nós mesmos ou em outros, pode ser igualmente difícil de perceber. Muitos de nós sabemos o que significa dar três passos à frente, dois passos atrás, depois dois passos à frente, mais três passos atrás. De qualquer maneira, por provavelmente sabermos o que significa ser impaciente conosco e com os outros, encorajemo-nos uns aos outros para não desistirmos do nosso compromisso com a fé, com a esperança e com o amor, que é o que realmente importa.

Ver a transformação e o crescimento ocorrerem assemelha-se a ouvir o milho crescer ou vê-lo já crescido, sem, contudo, presenciar o seu processo de crescimento.

Vem-me à memória a metáfora que um de meus amigos usa para contar a história do seu casamento.

Ele diz que após perder a confiança e a afeição de sua mulher, começou a demonstrar pequenos atos de gentileza como se fossem sementes lançadas em solo improdutivo.

Mesmo não havendo fórmulas para assegurar os resultados em relacionamentos, a história do meu amigo soou realista. Ele admitiu que, de início, nada aconteceu. De fato, ele diz ter esperado um longo tempo, como um agricultor trabalha e espera por uma colheita que é tão imprevisível quanto o clima, e tão lenta quanto observar o milho crescer.

Em algum ponto, ocorreu-me que a experiência do meu amigo não se assemelhava apenas à vida, mas também à sabedoria da Bíblia. Desde as primeiras páginas de Gênesis, as Escrituras descrevem princípios atemporais.

Semelhanças produzem semelhanças.

Muito tempo após Moisés descrever Deus criando a vida para reproduzir-se segundo sua própria espécie (Gênesis 1:11), o apóstolo Paulo nos recordou de outras maneiras pelas quais colhemos o que plantamos. Em sua carta aos Gálatas, ele escreveu: "Não vos enganeis: de Deus não se zomba; pois aquilo que o homem semear, isso também ceifará" (6:7).

Os amigos dos Alcoólicos Anônimos (AA) expressam esse princípio de maneira um pouco diferente, mas eles estão falando sobre uma ideia paralela ao nos lembrar que: "Uma definição de insanidade é fazer a mesma coisa repetidamente esperando resultados diferentes." Em outras palavras, pessoas inteligentes podem ter alguma área de suas vidas que não faz sentido. Embora jamais tentássemos colher tomates se plantássemos batatas, em momentos e áreas de fraquezas, podemos impulsiva e intencionalmente esquecer que *semelhanças produzem semelhanças*.

Os frutos não se formam rapidamente.

Essa era a história do meu amigo. Ele descobriu que esperar uma colheita do coração pode ser como plantar uma semente ou podar uma videira e, em seguida, permanecer em pé olhando e esperando o resultado.

O apóstolo Paulo reconheceu a necessidade de trabalhar e esperar. Após enfatizar que as semelhanças produzem semelhanças (Gálatas 6:7-8), ele acrescentou: "E não nos cansemos de fazer o bem, porque a seu tempo ceifaremos, se não desfalecermos" (6:9).

O fazendeiro jamais recolhe em seu campo o alimento com a mesma rapidez que nós ao colocarmos dinheiro em máquinas de venda automática. As colheitas não *brotam* rapidamente do solo. Somente com tempo, trabalho e paciência nós alcançaremos os resultados que buscamos — e mais.

AS ERVAS DANINHAS VÊM COM O SOLO. Aqueles que vivem à custa de suas terras não plantam intencionalmente as ervas daninhas para estas competirem com suas lavouras. Muito menos, uma pessoa de fé, não tenta deliberadamente, criar problemas para si. No entanto, Jesus nos lembra em Suas parábolas; os problemas ocorrem no campo e na fé (Mateus 13:24-30; Lucas 8:5-8).

Alguns dos nossos problemas fazem parte dos desgastes naturais da vida e outros surgem com a interferência de um verdadeiro inimigo espiritual. Seja como for, é importante lembrarmos que, por mais necessário que seja trabalharmos o solo, plantarmos, regarmos, arrancar as ervas daninhas e adubarmos, isso é tudo o que podemos fazer.

O QUE ESPERAMOS E LUTAMOS PARA CONSEGUIR ESTÁ ALÉM DA NOSSA CAPACIDADE DE REALIZAR. Falando sobre o campo e a fé, o apóstolo Paulo escreveu: "De modo que nem o que planta é alguma coisa, nem o que rega, mas Deus, que dá o crescimento" (1 Coríntios 3:7).

Assim como os fazendeiros aprendem como são dependentes do clima, que não podem controlar, nós também precisamos perceber que as mudanças que desejamos para nós e em outras pessoas são mais do que *atitudes de escolha* (Gálatas 5:22-23). Por essa razão, Jesus disse: "...permanecei em mim, e eu permanecerei em vós. Como não pode o ramo produzir fruto de si mesmo, se não permanecer na videira, assim, nem vós o podeis dar, se não permanecerdes em mim" (João 15:4).

Este *permanecer* exige que persistamos por iniciativa própria em um relacionamento fortalecido, que produza resultados, pelos quais não podemos receber o justo crédito (Filipenses 2:12-13).

DEUS MERECE RECEBER A GRATIDÃO POR UMA BOA COLHEITA. Assim como o Deus da colheita merece gratidão quando provê condições favoráveis de crescimento das frutas e vegetais, temos todas as razões para agradecer ao Senhor quando Ele nos concede uma mudança em nosso coração e em nossos relacionamentos, os quais sentimos estar além da nossa natureza.

No caso do meu amigo, sua paciência em plantar as sementes de amor e bondade na vida de sua mulher, eventualmente, mudou não apenas o coração dela como também o dele.

Para outros, o resultado pode ser diferente. O mais importante, entretanto, é que os seguidores de Jesus Cristo compreendam que crescer à Sua semelhança, não é rápido, nem natural. ■

Pai celestial, muitas vezes não usamos a força e oportunidade que já nos concedeste para fazermos aquilo que o Senhor pediu. Em outros momentos, tentamos forçar resultados que só podem ocorrer em Teu tempo, de acordo com a Tua vontade. Por favor, ajuda-nos a seguir o exemplo do meu amigo e a sermos sábios o suficiente para continuar plantando e aguardando — até que vejamos a colheita que vem de ti.

10

SUBMISSÃO CONJUGAL E SACRIFÍCIO

Recentemente, perguntei a alguns homens casados que conheço se eles costumam dizer às suas esposas o que elas devem fazer.

A pergunta geralmente é respondida com um sorriso confirmando aquilo que eu suspeito. A maioria de nós sabe que o apóstolo Paulo chama o marido de cabeça de sua mulher e conclama as mulheres a submeterem-se aos seus maridos. Na prática, porém, muitos de nós as tratamos como iguais. Quando somos pressionados, admitimos não existir substituto para o amor e respeito mútuo.

Há um rompimento entre o nosso mundo e aquele do Novo Testamento?

Sabemos que as palavras do apóstolo significavam algo diferente para os leitores gregos, romanos e judeus no primeiro século, do que significam para nós hoje. Nos dias de Paulo, os homens governavam seus lares e as mulheres eram vistas como propriedade.

As mudanças ocorridas entre aquela época e hoje exigem que consideremos cuidadosamente não só a época que os apóstolos viveram, mas o significado de suas palavras. Mais importante ainda, precisamos ler suas cartas à luz da história completa da Bíblia.

NO INÍCIO, Deus criou o homem e a mulher "à nossa imagem" para que "tenha ele domínio" sobre o mundo (Gênesis 1:26-27). Apesar de ambos terem recebido esta responsabilidade, o segundo capítulo afirma que Deus fez o homem do pó da terra antes de criar Eva de uma das costelas de Adão. Desde então, a maravilha da distinção entre o masculino e feminino inspirou incontáveis romances, conflitos e novos começos. Mas porque Deus caracterizou Eva como uma "auxiliadora" (Gênesis 2:18), muitos concluíram que a mulher foi feita para ser uma *secretária* ou *assistente* do homem.

Na língua hebraica, no entanto, a palavra *auxiliadora* não subentende necessariamente subordinação. O Antigo Testamento usa a mesma palavra em mais de 15 outras oportunidades para designar o próprio Deus como o nosso auxiliador e libertador (Salmo 70:5).

Portanto, em que momento, surgiu a ideia de que Deus deu a responsabilidade ao marido de governar sobre sua esposa?

APÓS A QUEDA. A primeira indicação que encontramos na Bíblia, de que o marido deveria governar sua esposa surge com as vaticinações de ervas daninhas no jardim, dores de parto e a maldição de sua própria morte (Gênesis 3:16-19). Foi neste contexto de maldição e suas consequências que Deus disse a Eva, "...o teu desejo será para o teu marido, e ele te governará" (v.16).

Alguns de nós lemos estas palavras como se elas dessem aos maridos o direito de governar sobre suas esposas. No entanto, não lemos o resto da maldição da mesma maneira. Nós lutamos com as ervas daninhas em nossos quintais e colheitas. Fazemos todo o possível para diminuir a dor de parto na mulher. Usamos a prevenção, os medicamentos e cirurgias para retardar uma morte antecipada (Gênesis 3:16-19).

Aceitar esta maldição como se os maridos tivessem o direito de impor suas vontades sobre suas esposas tem contribuído para o contínuo abuso e incompreensão.

Com a vinda de Jesus, entretanto, podemos perceber o plano óbvio que muitos de nós deixamos de perceber.

O ENSINAMENTO E EXEMPLO DE JESUS: Ao ensinar os Seus discípulos a dar uns aos outros, a consideração que gostariam de ter para si mesmos (Mateus 22:39), Jesus nos deu um princípio que está no âmago de um casamento saudável.

Quando Ele acrescentou em Seu reino "...o maior entre vós seja como o menor; e aquele que dirige seja como o que serve" (Lucas 22:25-27), Ele deu aos Seus seguidores um valor aplicável a todos os relacionamentos.

Com poucas palavras e com o poder do Seu próprio exemplo, Jesus nos deu razões não somente para dar aos outros a consideração que gostaríamos para nós mesmos, mas Ele também nos ofereceu uma maneira de entender as palavras que os Seus apóstolos deram aos maridos e mulheres.

A RESPOSTA DE PEDRO E PAULO A UMA ORDEM SOCIAL DO PRIMEIRO SÉCULO: Na sociedade grega, romana e judaica do primeiro século esperava-se que os maridos governassem os seus lares. Naquela circunstância, Paulo usou a figura de linguagem de uma cabeça e corpo para ilustrar a natureza complementar do relacionamento conjugal.

A analogia de uma só carne, cabeça e corpo deram a Paulo a oportunidade de enfatizar, como Jesus o fez, de que no reino de Deus, aqueles que governam são como aqueles que servem (Efésios 5:21-25,28). Ele lembrou aos maridos que Jesus *amou* a igreja como seu próprio corpo (v.23), ao invés de, *governar* sobre ela. Utilizando o próprio exemplo de Jesus, Paulo conclamou os maridos que queriam seguir a Cristo a cuidar de suas esposas, da mesma maneira que cuidavam e protegiam os seus próprios corpos, diariamente.

Paulo e Pedro usaram a mesma abordagem para aconselhar as esposas. Eles começaram a explicar a submissão conjugal no primeiro século, cuja ideia as mulheres compreendiam bem. Em seguida deram um novo sentido para aquela obrigação social. Em vez de simplesmente encorajar as esposas a sujeitarem-se a seus maridos para obterem unidade conjugal, os apóstolos as encorajaram a reagir de maneira que refletissem bem a reputação de Cristo (1 Timóteo 5:14; Tito 2:5; 1 Pedro 3:1).

O SIGNIFICADO DA SUBMISSÃO: Através dos anos, muitas pessoas chamaram a atenção ao fato de que a palavra *submissão* usada pelos apóstolos, também era usada pelos soldados que estavam em serviço "para colocarem-se sob o comando de um líder". No entanto, o casamento não é um relacionamento militar.

Em contextos não militares, a palavra para *submissão* envolve "ceder *voluntariamente*, cooperar, aceitar responsabilidade, e levar um fardo" *Greek Lexicon* (Léxico Grego de Thayer e Smith). Tal submissão complementa a responsabilidade de um marido, de quem se requer o *sacrifício* de seus próprios interesses pela vida e bem-estar de sua esposa.

O sacrifício conjugal e a submissão, portanto, significa que *nem* maridos *nem* esposas têm autoridade para exigir, impor, coagir, ou controlar um ao outro. Pelo contrário, *ambos* são responsáveis e devem dar contas a Deus daquilo que Ele lhes deu para o bem, para honra e para alegria de ambos. ■

Pai celestial, por favor, muda-nos pelo Teu Espírito. Ajuda-nos como homens e mulheres a dar uns aos outros o mesmo amor, respeito, e consideração que queremos para nós mesmos — mas por Tua causa.

11

A SABEDORIA DO ENCANTADOR DE CACHORROS

EM TODO O MUNDO, milhares de telespectadores assistem ao programa de TV, no qual um treinador de cães chamado Cesar Millan, conhecido também como "encantador de cachorros" consegue não só reabilitar cães difíceis, mas o faz com uma tranquilidade que muitas vezes deixa o proprietário do animal espantado.

Seja o cachorro excessivamente agressivo, agitado ou medroso, Millan parece saber falar a linguagem do animal. Animais de estimação que sempre pulam nas visitas, agitam-se sem controle na corrente ou destroem compulsivamente tudo pela casa, aprendem a relaxar em sua presença.

Os resultados com frequência são comoventes. Millan, porém, não alega milagres. Em vez disso, usa a sua compreensão do comportamento social dos cães. Ele explica que, entre eles mesmos, os cães testam instintivamente uns aos outros para determinar qual o lugar exato que ocupam na matilha. De posse desta percepção, ele ensina os proprietários dos cães a se colocarem como um gentil, porém firme, "líder da matilha" para os seus próprios animais. O segredo do encantador de cachorros, portanto, reside não em mágica, mas em sabedoria.

Se a sabedoria consiste na habilidade de usar o conhecimento para alcançar um alvo desejado, é isso que Millan faz. Ele aplica sua compreensão sobre o motivo de os cães agirem de certa maneira para superar problemas que impeçam os animais e seus donos de se divertirem juntos.

No processo, acredito que Millan faz algo muito mais importante do que treinar cães. Parece-me que, em sua sabedoria, ele reflete algumas maneiras como o nosso Criador trabalha conosco. Na verdade, ele pode até nos ajudar a pensar em nosso Deus como o "encantador de pessoas".

A GENTILEZA DA SABEDORIA DE DEUS. Ao invés de gritar lá do céu, frustrado e zangado, nosso Deus sabe como se mostrar presente, tranquilo e manso até nos terremotos, ventanias e incêndios que ocorrem em nossas vidas. Em oposição aos nossos caminhos barulhentos, frenéticos e desgastantes, o nosso Senhor diz: "Aquietai-vos e sabei que eu sou Deus..." (Salmo 46:10).

O profeta Elias experimentou a voz e o suave toque de Deus num dos momentos de maior abatimento em sua vida. Exaurido por seus esforços para fugir das ameaças de morte de Jezabel, rainha de Israel, Elias sentiu-se tão só e desiludido, que desejou morrer (1 Reis 19:4). Esses sentimentos de desespero, porém, deram a Deus a oportunidade para mostrar Sua sabedoria.

Primeiramente, o Senhor Deus agiu no corpo de Elias. Ele renovou as forças físicas do Seu servo fazendo com que dormisse e dando-lhe alimento e água (19:5-8). Em seguida, Deus renovou a perspectiva espiritual de Elias, falando com ele não em um vento uivante, em estrondoso terremoto, ou em fogo consumidor, mas num "cicio tranquilo e suave" (1 Reis 19:9-12).

A SABEDORIA DA GENTILEZA DE DEUS. O que Elias ouviu na tranquilidade da voz de Deus, outros homens e mulheres da Bíblia também experimentaram. Pessoas atribuladas como Abraão, Jó, Rute, Raabe, José, e o apóstolo Paulo descobriram que, até mesmo em seus piores problemas, Deus estava, gentilmente, usando a voz da Sua sabedoria para conseguir a atenção, a submissão e a confiança deles.

Uma dessas pessoas era Agur. Hoje em dia ele é citado pelos leitores do livro de Provérbios como um homem excepcionalmente sábio (Provérbios 30:8-9). Agur, entretanto, tinha uma opinião diferente sobre si mesmo. Oprimido pela consciência de sua pequenez na presença do seu Criador, ele escreveu: "Porque sou demasiadamente estúpido para ser homem; não tenho inteligência de homem, não aprendi a sabedoria, nem tenho o conhecimento do Santo" (Provérbios 30:2-3). Uma versão da Bíblia traduz as palavras de Agur desta forma: "Sou mais animal do que gente; não tenho a inteligência que um ser humano deve ter" (Provérbios 30:2 NTLH).

Agur, aparentemente, não compreendeu o que seu Criador estava silenciosamente lhe dizendo através da natureza à sua volta (Provérbios 30:4).

O ALVO DA SABEDORIA DE DEUS. Ao ver e admitir o que não conseguia compreender por si mesmo, Agur desejou valorizar cada palavra de Deus mais do que o seu próprio entendimento (Provérbios 30:5-6).

Em seguida, o sábio homem orou: "Duas coisas te peço; não mas negues, antes que eu morra: afasta de mim a falsidade e a mentira; não me dês nem a pobreza nem a riqueza; dá-me o pão que me for necessário; para não suceder que, estando eu farto, te negue e diga: Quem é o Senhor? Ou que, empobrecido, venha a furtar e profane o nome de Deus" (Provérbios 30:7-9).

Por nos relembrar que não pertencemos a nós mesmos, Agur conduz a sabedoria do encantador de cachorros a um patamar muito mais elevado. Assim como um cão precisa entender qual a sua posição em relação ao líder da matilha, também nós precisamos compreender exatamente onde nos encontramos em relação ao nosso próprio Criador, Provedor e Protetor. ■

Pai celestial, reconhecemos com o Teu servo Agur que algumas vezes nos sentimos não tão humanos em nosso entendimento. Neste momento ajuda-nos, por favor, a confiar e a agir para refletirmos a quietude da Tua presença, a paz em saber que nos compreendes, e a expectativa de estar contigo em Tua casa eternamente.

12

LIMITES TÊNUES

A MAIORIA DE NÓS sabe o que significa encontrar-se num telhado muito inclinado ou numa outra inclinação de barro, gelo ou pedras soltas muito íngremes.

Então, quando alguém usa o argumento do "solo escorregadio" para prevenir contra erros de conduta numa direção perigosa, fazemos mais do que apenas compreender a advertência. Sentimos a emoção de uma decisão que poderia repentinamente nos colocar em rota perigosa.

Muitos de nós também sabemos que a Bíblia descreve os caminhos escorregadios para os quais nos direcionamos quando viramos nossas costas a Deus. O profeta Jeremias fala daqueles que deliberadamente ignoram o perigo real, ao escrever: "Portanto, o caminho deles será como lugares escorregadios na escuridão; serão empurrados e cairão nele; porque trarei sobre eles calamidade, o ano mesmo em que os castigarei, diz o SENHOR" (Jeremias 23:12).

Então, sem sombra de dúvidas, precisamos reconhecer que aqueles que voluntariamente avançam sobre as barreiras e cercas das advertências morais e espirituais podem colocar-se em perigo real.

Há ainda, outro lado para os avisos de que o "solo está escorregadio." Tais argumentos às vezes são alarmes falsos. Podem ser uma forma de gritar, "Lobo!" quando não há lobos.

"No mundo da lógica e do debate, a discussão sobre o piso escorregadio é considerada uma falácia, pois com frequência tem sido usada como uma tática do medo para exagerar a presença do perigo. Em tais circunstâncias, o aviso não se baseia no bom julgamento ou na evidência. Em vez disso, antecipadamente se pergunta, "Se não dissermos "não" para isso, onde delimitaremos a linha?"

Reconhecemos, há um tempo para esse cuidado. Se não houver boas razões para fazer outra coisa, a não ser manter-se em segurança, para que procurar problemas quando já temos o suficiente?

Mas e os momentos em que a preocupação pelos outros nos leva a arriscar nosso senso crítico? Para tais momentos, o Filho de Deus nos dá uma forma diferente para pensar sobre os avisos do solo escorregadio.

Certa vez, Jesus permitiu que Seus discípulos, famintos, colhessem grãos no sábado para saciar sua fome (Marcos 2:23-28). Ao ser criticado por líderes religiosos, Jesus lhes disse que o sábado foi feito para o homem, e não o homem para o sábado (2:27). Com poucas palavras, Jesus relembrou aos Seus críticos que a letra da lei deve ser entendida sob a luz da sua intenção.

Em outra ocasião, Jesus enfatizou mais uma vez o espírito da lei usando deliberadamente o sétimo dia da semana para curar um homem de uma doença séria e debilitante. Quando criticado por uma possível infração da lei do "não trabalho", Jesus perguntou aos Seus críticos quais deles hesitariam em ajudar um animal ferido que caísse numa vala no sábado (Lucas 14:5). Em nossos dias, a pergunta poderia ser, "Quais de vocês, depois de ligar para o corpo de bombeiros para comunicar incêndio em uma casa, esperaria que o caminhão de bombeiros dirigisse dentro do limite de velocidade?"

Usando o exemplo que uma criança poderia entender, Jesus lembrou aos mestres de Israel que eles não tinham problema para entender a essência da lei quando se tratava de seus próprios interesses.

Esse não foi o único momento que Jesus precisou explicar o óbvio aos mestres de Israel. Em outro momento, um grupo de líderes religiosos arrastou uma mulher para Jesus, dizendo tê-la pego em ato de adultério (João 8:4). E lembraram a Jesus que Moisés ordenara que tal pessoa fosse apedrejada e queriam saber o que Ele achava que deveria acontecer com ela.

O autor do evangelho nos diz que os líderes religiosos fizeram isso na tentativa de que Jesus dissesse alguma coisa que eles pudessem usar contra Ele. Queriam ver se Jesus ousaria mostrar misericórdia àquela mulher. Se sim, onde Ele estabeleceria o limite?

Em resposta, Jesus se abaixou e escreveu alguma coisa na areia. Na verdade, João não nos diz o que Jesus escreveu. Poderia ter sido "Onde está o homem?" Não importa o que Ele tenha escrito, pelo que Jesus disse em seguida Ele estabeleceu um limite na areia que eles não esperavam. Jesus encorajou aquele que nunca tinha pecado a atirar a primeira pedra (João 8:6-7). Em seguida, Ele se abaixou e escreveu novamente no chão enquanto, um a um dos acusadores da mulher saíram em silêncio.

Mas e a lei? Como Jesus pôde ignorar Moisés e não conduzir-se de um solo escorregadio à anarquia moral?

Talvez a resposta esteja no primeiro capítulo do mesmo evangelho. Nesse, João nos diz que a lei veio por Moisés, mas que a graça e a verdade vieram por Jesus Cristo (João1:17).

Antes de Seu tempo na terra terminar, Jesus trouxe a Sua resposta para aquele "piso escorregadio". Com base em Sua morte por nós, Ele poderia levar Seus seguidores a motivar-se mais por

SABEDORIA 65

sua preocupação pelos outros, do que pelo medo da crítica. Em vez da pergunta, "Se começarmos, onde desenharemos a linha?" perguntamos, "O que a verdade e o amor pedem de nós nesta situação?"

Jesus nunca transgrediu a lei do amor, apesar de Ele seguidamente resistir ao mau uso do pensamento de solos escorregadios. Ao contrário, Ele comeu e bebeu com pecadores. Jesus fez a mulher samaritana tornar-se a heroína de uma de Suas histórias. E, no sábado, Ele curou o doente. ■

Pai celestial, por favor, dá-nos o discernimento que precisamos para ver a diferença entre o perigo real e os falsos alarmes. Livra-nos dos medos que nos impedem de amar corajosamente aqueles por quem o Teu Filho morreu.

13

QUESTÕES DE AUTORIDADE

NA DÉCADA DE 1960, uma geração de jovens cresceu com o *slogan*: "Pense por si mesmo. Questione a autoridade."

Antes disso, o renomado físico Albert Einstein havia observado: "O respeito irracional à autoridade é o maior inimigo da verdade."

Ninguém, contudo, nos deu mais razão para pensar duas vezes sobre autoridade do que Jesus. Na noite anterior à Sua crucificação, Ele disse aos Seus discípulos que, mesmo que os reis de outras nações dominassem sobre seus súditos e fossem honrados por isso, não seria assim em Seu reino. Em vez disso, Ele disse: "...o maior entre vós seja como o menor; e aquele que dirige seja como o que serve" (Lucas 22:26).

Ao cearem juntos, Jesus levantou-se da mesa e, como um criado comum, insistiu em lavar os pés dos discípulos (João 13:3-5). Após voltar à mesa com eles, Ele perguntou: "Qual é maior: quem está à mesa ou quem serve? Porventura, não é quem está à mesa? Pois, no meio de vós, eu sou como quem serve" (Lucas 22:27).

Se pararmos neste ponto, poderá parecer que, com poucas palavras, Jesus nos disse simplesmente tudo que precisamos saber sobre o uso correto do poder.

Mas não podemos deixar de lado a questão da autoridade, antes de concordarmos com as declarações feitas, posteriormente, por Seu apóstolo, Paulo. Nas cartas que Paulo escreveu às igrejas do primeiro século, seus conselhos difeririam dos ensinamentos de Jesus sobre a autoridade. Paulo não se limitou a dizer aos filhos para obedecerem aos seus pais, e aos cidadãos para temerem o uso legítimo do poder governamental. Ele também disse às mulheres que se submetessem a seus maridos; os escravos, a seus senhores; e às pessoas da igreja, àqueles que os lideravam.

Novamente, se parássemos aqui, poderíamos concluir que Paulo estava incentivando um respeito irracional à autoridade. Mas, se o acusarmos de simplesmente ser um tradicionalista, falharemos em ver a sabedoria que ele usou ao mover seus leitores de onde estavam para onde Jesus os estava conduzindo.

Em outras ocasiões, Paulo incitou seus leitores a trazer o coração e a mente de Cristo à ordem social da época. Em sua carta aos filipenses, por exemplo, ele os relembrou de que, embora Jesus fosse o Rei dos reis, Ele viveu entre nós como o Servo dos servos (2:7-8).

Ao invés de defender mudanças sociais que teriam encontrado grande resistência, Paulo instigou seus leitores a permitirem que Cristo mudasse as atitudes dos seus próprios corações.

Sem pedir pelo fim da prática da escravidão, da tradição do patriarcado ou dos excessos dos governos pagãos, Paulo refletiu o espírito de Cristo ao defender uma vida de amor que não violava a tradição, a lei ou a ordem de ninguém.

Como a estratégia de Paulo era ensinar o povo de Deus a viver como cidadãos do céu dentro da ordem social do mundo em que viviam, ele repetidamente pediu que os seguidores de Cristo tivessem atitudes de servos. Essa foi sua abordagem a tudo, não importando se alguém estivesse na extremidade como doador ou receptor de poder social e autoridade.

O resultado é uma boa notícia para qualquer um de nós que enfrentou problemas com o mau uso de poder. Onde quer que estejamos na "cadeia de comando" ou "hierarquia" da vida, Cristo nos oferece uma nova maneira de perceber a autoridade. Como fonte e possuidor da autoridade máxima, Ele nos mostra que qualquer poder que tenhamos não é um direito para sermos servidos, mas uma responsabilidade para servir.

De acordo com o Novo Testamento, toda autoridade e poder legítimos pertencem a Deus e têm sua origem nele. Mais especificamente, Jesus disse aos Seus discípulos que Seu Pai confiara todo poder e autoridade a Ele.

Assim como o Pai autorizou Jesus a falar em Seu nome, agora o Filho dá aos Seus seguidores o direito e o poder de falar e agir em Seu nome.

Em Seu reino há mais autoridade em Sua verdade, sabedoria e amor do que existe em recorrer à autoridade de um mandato, cargo, insígnia ou título.

Pelos mesmos motivos que atribuímos autoridade a algumas pessoas em sua profissão ou área de conhecimento, também podemos compreender a autoridade daqueles que, de todas as camadas sociais, podem nos mostrar como é o viver no exemplo, no espírito e no amor do Rei dos reis — que é, também, o Servo dos servos. ■

Pai celestial. Será possível? Fizemos novamente? Temos usado as forças e atribuições que Tu nos deste para controlar e dominar uns aos outros? Por favor, perdoe-nos por agirmos como se

Teu Filho não nos tivesse dito que, no reino dos céus, o mais velho precisa ser como o mais jovem; o maior, como o menor; e aqueles que governam — como aqueles que servem.

14

DEUS EM JULGAMENTO

APÓS SOBREVIVER AOS horrores dos campos de concentração nazistas, Elie Wiesel escreveu o romance *The Trial of God* (O Julgamento de Deus). Refletindo sua própria crise de fé, Wiesel criou um personagem que acusa Deus de "hostilidade, crueldade e indiferença" por, silenciosamente, voltar Suas costas ao Seu povo em tempos de necessidade. Nesta trama, o único que vem em defesa de Deus é um forasteiro que, como depois se descobre, é o diabo.

O julgamento simulado de Deus, contado por Wiesel, segue a tradição de um drama muito mais sério preservado em uma das mais antigas histórias da Bíblia. No livro de Jó, no Antigo Testamento, Deus é acusado de injustiças não somente por Seu pior inimigo, mas também por um de Seus melhores amigos.

Na narrativa bíblica, Satanás acusa Deus de comprar a lealdade de um homem chamado Jó. Na visão do inimigo, Jó se mantém fiel a Deus em troca da disposição divina em prosperar e proteger a família, riqueza e saúde de Jó.

Reagindo a esta acusação, Deus permite que Satanás teste a motivação e a lealdade de Jó com uma série de perdas pessoais. Os reveses são tão graves que três amigos de Jó deixam suas próprias casas e se reúnem para sentar-se durante sete dias com seu amigo em silencioso pesar.

No início, Jó reage a essa repentina mudança de sorte com constrangimento e reverência. Mas, sua dor e pesar são tão devastadores que ele acaba cedendo e acusa o Todo-poderoso de injustiçá-lo. Seus três confortadores ficam tão enervados ao ouvir o que Jó diz que assumem a defesa de Deus e acusam Jó de merecer sua dor.

O QUE PENSAM OS AMIGOS DELE? Após ouvir Jó se voltar contra Deus, seus confortadores pensam que sabem o motivo do seu sofrimento. Eles estão convencidos de que na vida "você colhe o que planta" e se apoiam mutuamente ao tentar provar uma correlação direta entre as perdas de Jó e algum fracasso moral secreto que ele porventura, se recuse a admitir (Jó 4:7-8). Repetidas vezes, eles insistem na mesma lógica. Deus não comete erros. Quando sofremos, estamos recebendo a recompensa pelas más sementes que plantamos.

Na verdade, seus amigos estão teologicamente corretos. Eles estão certos em dizer que Deus não pune o bem nem recompensa o mal. Mas, tentando defender Deus contra a queixa de Jó sobre a injustiça, eles descreveram Deus e Jó enganosamente.

O resultado são as extensas discussões entre Jó e seus amigos, pois Jó defende a sua inocência e seus amigos o acusam de dissimulação.

QUAIS ERAM OS PENSAMENTOS DE JÓ? Os pensamentos de Jó a respeito de Deus poderiam nos surpreender. Em vez de dizer: "Meu Deus, meu Deus, por que me desamparaste?", ele diz, de fato: "Meu Deus, meu Deus, por que não me deixas em paz?" Ao invés de pensar que o céu está ignorando sua agonia, ele suspira, dizendo: "Que é o homem, para que tanto o estimes, e ponhas nele o teu cuidado, e cada manhã o visites, e cada momento o ponhas à prova? Até quando não apartarás de mim a tua vista? Até quando não me darás tempo de engolir a minha saliva? Se pequei, que mal te fiz a ti, ó Espreitador dos homens? Por que fizeste de mim um alvo para ti, para que a mim mesmo me seja pesado?" (Jó 7:17-20).

O que Jó não compreende é que o tribunal celestial havia declarado a conversação anterior entre Deus e Satanás como prova inadmissível para explicar o seu sofrimento.

EM SEGUIDA, UM FINAL SURPREENDENTE. Quando Deus finalmente fala, Ele não diz a Jó por que lhe permitiu sofrer. Também não culpa Satanás pelo ocorrido. O Senhor do céu nem sequer agradece aos três amigos por tentarem defender a honra do Todo-poderoso.

Em vez disso, num lance surpreendente, Deus fala em meio de um redemoinho. Com efeito, Ele chama Jó ao banco das testemunhas e lhe faz perguntas como: "Onde estavas tu, quando eu lançava os fundamentos da terra? Dize-mo, se tens entendimento" (38:4). Então, Deus fala sobre o clima, o vento inconstante e nuvens que ajuntam água e, depois a liberam sob Seu comando. Com argumentos finais que parecem saídos do nada, e em seguida de todas as partes, o grande Juiz do universo apresenta uma convincente série de demonstrações físicas.

A implicação é clara: "Se sou suficientemente poderoso e sábio para criar o Órion no céu da noite, um boi selvagem e um avestruz, você é capaz de confiar em mim na aflição que permiti ocorrer em sua vida?"

As queixas de Jó são silenciadas. As acusações contra ele são derrubadas. O testemunho do mundo natural à imensurável sabedoria e poder de Deus é suficiente para colocar Jó de joelhos e fazê-lo recuperar o bom senso.

E AGORA, ENQUANTO SOMOS TESTADOS, uma águia sobrevoa. Uma árvore empurra suas raízes profundamente em solo fértil enquanto eleva seus galhos em direção ao sol. Um lobo uiva. Cordeiros perambulam em busca de grama. Uma lua cheia ilumina a noite… enquanto Deus aguarda que a verdadeira provação de Seu Filho, em nosso favor, seja recordada. ■

Pai celestial, como Jó também reconhecemos que a prova do Teu poder e sabedoria, que vemos na criação ao nosso redor, é suficiente para colocar em dúvida qualquer acusação contra Ti.

15

CONHECIMENTO ETERNO

NUNCA ANTES TANTAS pessoas tiveram acesso a tanta informação. Com o conhecimento humano duplicando de tempos em tempos e sites de busca, como *Google* e *Yahoo*, na ponta de nossos dedos, o potencial para aprendizado parece infindável.

Os horizontes do conhecimento — De acordo com uma agência de notícias, o Telescópio Espacial *Hubble* encontrou dez mil galáxias numa janela do céu noturno do tamanho aproximado de uma lua cheia.

O Projeto Genoma Humano é outro esforço científico que tem amealhado conhecimento com maior velocidade do que nossas mentes conseguem processar. Esse esforço global para mapear e sequenciar todos os 20 a 25 mil genes do corpo humano pressagiam implicações para o tratamento e a prevenção de doenças. Contudo, com o surgimento de tais informações, somos confrontados com questões de bioética que surgem mais rapidamente do que suas respostas.

O MAU USO DO CONHECIMENTO. Como acontece em tudo na vida, há um lado adverso quando se vive na dependência de informações virtuais. Enquanto buscamos conhecimento útil, podemos nos perder numa cegante nevasca de dados. Os mesmos navegadores de internet que usamos para resolver nossos problemas podem ser usados para multiplicar desinformação, pornografia e instruções sobre como fazer uma bomba.

Não somos os primeiros a encontrar mais do que procurávamos em nossa busca pelo conhecimento. Há muito tempo, os personagens bíblicos Adão e Eva descobriram que o conhecimento sem a sabedoria é perigoso. Ao comer da árvore do conhecimento do bem e do mal, eles perderam sua inocência e tomaram consciência das circunstâncias ao redor a ponto de suas mentes obscurecerem e seus corações despedaçarem.

O VALOR DA SABEDORIA. Anos mais tarde, Salomão, o sábio rei de Israel, escreveu: "Feliz [a pessoa] que acha sabedoria, e o homem [ou a mulher] que adquire conhecimento; porque melhor é o lucro que ela dá do que o da prata, e melhor a sua renda do que o ouro mais fino. Mais preciosa é do que pérolas, e tudo o que podes desejar não é comparável a ela" (Provérbios 3:13-15).

Mas que sabedoria é esta que Salomão celebra com tanto entusiasmo?

O SIGNIFICADO DE SABEDORIA. Por meio de provérbios, parábolas e da própria experiência, Salomão nos conduz além do senso comum de que a sabedoria é a experiente arte de utilizar o conhecimento para atingir um objetivo desejado. Ele nos lembra de como é tolo ser sábio aos nossos próprios olhos (Provérbios 3:5-7; 26:12).

Ironicamente, é este mesmo Salomão quem nos dá um dos mais memoráveis exemplos do que pode acontecer quando perdemos de vista de onde viemos e para onde vamos (Eclesiastes 1:1-18; 12:1,7,13,14).

Quando ele próprio esqueceu-se do seu Criador e dos propósitos para os quais foi constituído rei de Israel, Salomão começou a vagar como um homem sem bússola.

Refletindo sobre a consequente confusão, o rei escreveu: "Vaidade de vaidades [...] vaidade de vaidades, tudo é vaidade. Que proveito tem o homem de todo o seu trabalho, com que se afadiga debaixo do sol?" (Eclesiastes 1:2-3). Somente quando se lembrou de seu Deus e da prestação de contas por vir, Salomão recuperou a sábia perspectiva pela qual é lembrado.

Por experiência própria, ele escreveu: "Demais, filho meu, atenta: não há limite para fazer livros, e o muito estudar é enfado da carne. De tudo o que se tem ouvido, a suma é: Teme a Deus e guarda os seus mandamentos; porque isto é o dever de todo homem. Porque Deus há de trazer a juízo todas as obras, até as que estão escondidas, quer sejam boas, quer sejam más" (12:12-14).

Voltando a tal conclusão, contudo, Salomão nos deixa uma pergunta que ele mesmo parece ter sido incapaz de responder. Para pessoas como nós, que esperança teremos se alguém tão sábio quanto Salomão não foi capaz de viver segundo seu próprio conselho?

Olhando para trás, é evidente que a Bíblia foi, em verdade, escrita para responder essa pergunta. De uma maneira ou de outra, tudo que está contido nela destaca o Messias, que se ofereceu para fazer pelos outros o que não podiam fazer por si mesmos. Pelas perguntas que fez, pelas histórias que contou, e milagres que realizou, Jesus expôs a tolice daqueles que se viam como bons ou sábios aos seus próprios olhos.

Em seguida, Ele demonstrou até onde estava disposto a ir para levar ao Pai todos os que confiassem nele. Por meio de um audacioso plano de resgate que equilibrou a justiça e a misericórdia de Deus, Jesus corajosamente sofreu e morreu para assegurar vida eterna àqueles que estivessem dispostos a confiar, não em sua própria sabedoria, mas na dele.

No processo, Ele nos deu um perfeito exemplo de sabedoria em ação. Jesus demonstrou como lembrarmo-nos do nosso Criador até mesmo nos dias da nossa juventude (Lucas 2:42-49).

Pela maneira como se manteve fiel ao Seu Pai celestial, Ele demonstrou como vivermos para o prazer do nosso Deus, e não para recebermos o elogio de outras pessoas. Pela maneira como orou, Ele nos mostrou onde encontrar a força que necessitamos para nos tornarmos cada vez mais semelhantes a Ele em nossas atitudes com relação aos outros. ■

Pai celestial, mesmo com todo o nosso conhecimento, com muita frequência nos esquecemos de reconhecer-te. Confiando no nosso próprio entendimento, perdemos de vista o objetivo para o qual Tu nos deste a vida. Por favor, coloca hoje a Tua sabedoria em nossas mentes e a Tua habilidade em nossas mãos, para demonstrarmos Teu amor em nossos corações.

16

SER UM HOMEM

ALGUMAS DAS ÚLTIMAS palavras do rei Davi foram de desafio ao seu filho. A Salomão, que herdaria o trono, ele disse: "...Coragem, pois, e sê homem!" (1 Reis 2:2).

O que este pai estava dizendo? O que o seu filho escutou? E, tão importante quanto isso, o que escutamos nessas palavras?

Milhares de anos depois, um livro que promete responder à pergunta *Por Que os Homens Detestam Ir à Igreja* estava em minha estante, ainda por ler. O título parecia um excesso de generalização para ser levado a sério.

Mas, quando finalmente decidi dar uma olhada, fiquei surpreso com a razão que o autor, David Murrow, parecia ter. Ele diz que muitos homens não vão à igreja porque a veem como um lugar para mulheres e crianças — uma ameaça, portanto, à sua masculinidade.

Em contraste, Murrow diz que a primeira igreja, e também as igrejas pioneiras ou perseguidas de épocas menos antigas, não pareciam ter problemas para atrair homens. Ele também acredita que muitos homens são capazes de identificar-se com Jesus quando Ele é lembrado e apresentado como o mestre que "*confrontou* os religiosos", "*confortou* os necessitados" e "*desafiou* todas as outras pessoas". Sem tornar implícito que o confronto seja masculino por natureza, ele sustentou que "o desafio era o cenário padrão do Mestre" (p.29).

Murrow sustenta, porém, que, ao longo do tempo, igrejas estabelecidas têm apresentado uma inclinação a perder de vista a missão para a qual foram, originalmente, fundadas. Ele diz que, com grande frequência, um forte e urgente senso de risco e desafio foi, lentamente, substituído por condições de controle, conformidade e cerimônia baseadas no conforto.

Ao longo do caminho, o autor deixa claro que está descrevendo como as coisas são, e não como deveriam ser. Os leitores podem perceber que ele não é dado a atenuações e, às vezes, pode até exagerar. Mas, não é difícil entender seu ponto de vista quando ele diz que, embora os homens amem as mulheres, tendem a seguir outros homens.

Murrow lembra seus leitores de que, historicamente, para ser aceito como homem, era necessário enfrentar perigo, suportar sofrimento e sacrificar-se pelo bem de outros. Ele diz que, se um homem fracassasse em bravura, estoicismo ou autossacrifício, era rotulado como covarde.

Contra esse pano de fundo cultural e histórico, Murrow afirma corajosamente as diferenças masculinas e femininas, embora reconheça que, ocasionalmente, homens seguirão as mulheres suficientemente fortes para desafiá-los. Por exemplo, ele escreve sobre o legado de Henrietta Mears, que "levou centenas à fé em Jesus, incluindo Bill Bright, o fundador da *Cruzada Estudantil para Cristo*". Murrow destaca que, "Durante seu mandato como diretora de educação cristã na Primeira Igreja Presbiteriana de Hollywood, mais de quatrocentos jovens se juntaram ao serviço cristão em tempo integral — em sua maioria, homens". O autor diz: "Os homens a respeitavam porque ela falava a linguagem deles" e acrescenta: "Ela amava as pessoas o suficiente para desafiá-las ao máximo!" (p.174).

Enquanto lia, observei cuidadosamente para ver se o autor considera força, desafio ou aventura como domínios exclusivos do espírito masculino. Ficou claro, para mim, que não. Ele também não vê relacionamentos construídos sobre amor, estabilidade, segurança, suavidade, misericórdia ou fidelidade como necessariamente femininos. Acima de tudo, ele enfatiza que homens fortes não se impõem e dominam as mulheres.

Então, o que ele deseja quando pede por um ressurgimento do espírito masculino? Em suas próprias palavras, ele diz: "Deixe-me dizer claramente: *cristianismo baseado em evitar riscos nunca atrairá homens*. Se nossa mensagem for cheia de *não faça, seja cuidadoso* e *não corra riscos,* os homens irão embora" (p.207).

Se Murrow estiver certo, Davi estava falando ao coração de um homem quando desafiou seu filho a ter a coragem de seguir as palavras e os caminhos do seu Deus (1 Reis 2:3).

Imagine o que Salomão estava enfrentando. Ele havia crescido à sombra de um pai que deve ter parecido maior que a vida. Davi havia sido o homem, um rei guerreiro, poeta e músico amado por seu povo, temido por seus inimigos e seguido até a morte por um renomado grupo de homens poderosos.

Tudo isso poderia ajudar-nos a compreender o senso de fraqueza e inadequação que, depois, Salomão expressou em um sonho. Frente à tarefa de liderar seu povo com sabedoria e força, ele orou: "Agora, pois, ó SENHOR, meu Deus, tu fizeste reinar teu servo em lugar de Davi, meu pai; não passo de uma criança, não sei como conduzir-me" (1 Reis 3:7).

Essa oração poderia soar como indicação de que Salomão não estava apto a enfrentar o desafio à sua frente. Mas, ironicamente, ele estava expressando o que seu próprio pai já tinha aprendido. Anos antes, Davi havia escrito: "[...] fiz calar e sossegar a minha alma; como a criança desmamada se aquieta nos braços de sua mãe, como essa criança é a minha alma para comigo. Espera, ó Israel, no SENHOR, desde agora e para sempre" (Salmo 131:2-3).

Hoje, três mil anos depois, Davi e Salomão nos lembram de que homens de verdade encontram a força de Deus em suas fraquezas e através delas. ■

Pai celestial, não temos a sabedoria, força ou coragem para sermos os homens que Tu nos fizeste para sermos. Necessitamos de ti para fazer por nós aquilo que não conseguimos fazer por nós mesmos. Por favor, capacita-nos a crescer no espírito do Teu Filho, tornando-nos homens segundo o Teu próprio coração.

17

O QUE TORNA ALGO BÍBLICO?

A RESPOSTA MAIS FÁCIL pode ser: "Se alguma coisa é encontrada na Bíblia, então é *bíblica*." Mas, isso significa que poligamia, escravidão e genocídio se qualificam como tal.

Outra abordagem é dizer que uma ideia ou prática é *bíblica* se esta for consistente com os valores e a natureza da Bíblia. Essa é, provavelmente, a resposta mais significativa, no entanto, ela traz consigo seus próprios problemas. Como podemos ter certeza de estarmos pensando ou agindo de uma maneira que expresse a essência e os propósitos das Escrituras?

Vejamos, então, se conseguimos ter uma perspectiva do que seria necessário para sermos cada vez mais bíblicos, embora com o cuidado de nos lembrarmos que ainda não chegamos lá.

PARA SERMOS BÍBLICOS, PRECISAMOS ENXERGAR A HISTÓRIA POR TRÁS DAS PALAVRAS. Muitos de nós sabemos como é importante interpretar as palavras da Bíblia em seu próprio contexto. Mas, pode ser ainda mais importante pensar sobre em que um versículo da Bíblia contribui para a grande história que, por sua vez, dá significado a cada versículo.

De Gênesis a Apocalipse, os 66 livros da Bíblia são mais do que uma coletânea de história religiosa, leis morais, provérbios, poesia e predições. Por trás de cada palavra e frase existe uma grandiosa história de amor que traz coerência aos detalhes de um texto inspirado.

Este grande drama revelado vem desde (1) a maravilha da criação, passando pelo (2) desastre da rebelião humana, (3) um salvamento heroico e então, finalmente, chegando a (4) um dia futuro de ressurreição, prestação de contas e restauração.

Nessa linha de narrativa existem maravilhas, realismo, resgate dos nossos piores problemas e uma esperança fundamentada nos relacionamentos para os quais fomos feitos.

PARA SERMOS BÍBLICOS, PRECISAMOS ENXERGAR OS RELACIONAMENTOS POR TRÁS DA HISTÓRIA.
Desde Moisés até Jesus, a Bíblia conta a história de um Criador que, finalmente, se revela como um Filho que deseja que conheçamos Seu Pai, e um Pai que deseja que conheçamos o Seu Filho. O Filho diz que, em sua essência, é exatamente igual ao Seu Pai, e que Seu Pai é exatamente igual a Ele.

As implicações desse relacionamento Pai-Filho foram destacadas na última Ceia de Páscoa que Jesus fez com Seus discípulos. Após ouvir Seus amigos discutirem sobre qual deles seria o maior (Lucas 22:24-26), Jesus levantou-se da mesa, tomou uma bacia com água e uma toalha, e começou a lavar os pés deles (João 13:3-5). Em seguida, Ele perguntou: "Pois qual é maior: quem está à mesa ou quem serve? Porventura, não é quem está à mesa? Pois, no meio de vós, eu sou como quem serve" (Lucas 22:27). Colocando-se de joelhos para lavar os pés de Seus discípulos, Ele nos deu uma imagem clara de quanto Ele e Seu Pai estavam dispostos a fazer para transformar nossos corações e relacionamentos.

PARA SERMOS BÍBLICOS, PRECISAMOS ENXERGAR O AMOR POR TRÁS DOS RELACIONAMENTOS. Na mesma noite em que Jesus escutou Seus discípulos discutindo, lavou os pés deles e, então, os deixou ouvi-lo falando com Seu Pai.

Os discípulos de Jesus ouviram-no orar não somente por eles, mas por todos aqueles que viessem a crer nele por intermédio do testemunho dos discípulos (João 17:20). Eles o ouviram orar: "...que todos sejam um; e como és tu, ó Pai, em mim e eu em ti, também sejam eles em nós; para que o mundo creia que tu me enviaste" (17:21).

À vista disso, Jesus pediu a Seu Pai para capacitar os que creem nele a viverem de tal maneira que os outros possam ver que o Pai também os ama, assim como o Pai amou o Seu Filho (17:23).

Algumas horas depois, o Filho de Deus nos deu o exemplo supremo de quanto Ele e Seu Pai nos amam. Ele se permitiu ser crucificado entre dois ladrões — por nosso pecado, em nosso lugar.

Em nenhum outro lugar o amor do Pai se torna mais claro do que naquilo que o Filho estava disposto a suportar por nós. Ainda assim, esse não é o final da história.

Após a ressurreição de Jesus e Seu dramático retorno ao Pai, Seus discípulos continuaram a aprender o significado de serem fiéis à história bíblica que agora vivenciavam.

Mesmo na ausência de Jesus, eles descobriram que não estavam sós e começaram a descobrir por si mesmos o significado de servirem uns aos outros como seu Senhor os havia servido. No Espírito e poder que seu Mestre havia prometido, eles demonstraram coragem de amar que muito excedia tudo o que lhes era natural. Embora continuassem longe da perfeição, desenvolveram uma preocupação pelos outros que não estivera presente naquela noite em que discutiam sobre quem era o maior deles.

Mais de 200 anos depois, Tertuliano, um patriarca da igreja, escreveu sobre o que ele acreditava ser uma prova convincente de fé cristã. Ele se referiu às palavras de não cristãos, que disseram sobre os seguidores de Jesus: "Vejam como eles amam uns aos outros" (Apologia III:IIV — *obra mais importante de Tertuliano, escrita no ano 197*). ∎

Pai celestial, perdoa-nos por chamar de bíblico algo que não reflete Teu coração e Tua história. Por favor, ajuda-nos hoje a cuidar dos outros de uma maneira que os capacitará a enxergar Teu Filho em nós e Tu nele.

18

A BÍBLIA E A VERDADE

EM NOSSAS VIDAS há momentos definidores que vêm com a constatação de que nosso mundo nunca mais será o mesmo. Alguns desses acontecimentos mudam o curso da história. Provavelmente já estamos vivos há tempo suficiente para nos lembrarmos de quando ouvimos que John F. Kennedy havia levado um tiro. Outros são jovens demais para recordarem-se deste dia, no entanto lembram-se claramente de onde estavam quando ouviram sobre o avião comercial que havia se chocado com o *World Trade Center*.

Outros momentos singulares em nossas vidas são mais pessoais; e podem ter nos trazido uma nova perspectiva sobre nós mesmos, nossos relacionamentos ou nossa fé. Lembro-me onde estava na primeira vez que ouvi algo sobre uma característica da Bíblia que a torna diferente de todos os outros livros religiosos. Um professor em idade mais avançada nos disse que mesmo que esquecêssemos tudo o que ele tinha dito, queria que nos lembrássemos de que a Bíblia é singular porque sua história é fundamentada em fatos históricos e geográficos.

Anos depois, lembro-me de como meu mundo interno foi transformado quando aprendi que a verdade da Bíblia surge com uma atitude. Repentinamente, conseguia ver que quando Paulo disse que palavras sem amor são simplesmente ruídos, estava nos informando que dizer a verdade exige mais do que palavras (1 Coríntios 13:1-3).

Com o passar do tempo, meus colegas de Ministérios RBC e eu nos conscientizamos cada vez mais de que a sabedoria transformadora da Bíblia está fundamentada na verdade que se alinha em fatos e atitudes com o Deus que é a fonte de nossa realidade. Como resultado, desenvolvemos um documento interno que usamos para nos lembrar de que nossa mensagem é composta não apenas do que dizemos, mas também da maneira como dizemos. Juntos, nos convencemos de que a nossa responsabilidade é comunicar não apenas os fatos da Bíblia, mas também o seu amor.

Veja se você reproduz os seguintes fragmentos que descrevem algumas das características que devem moldar tudo o que dizemos ou escrevemos:

1. **ALICERCE DA BÍBLIA**. Para que nossos pensamentos não se apoiem em ideias humanas, mas na revelação e na sabedoria de Deus.

- Se considerarmos a Bíblia um manual para a solução de nossos problemas, e não a história de nosso resgate e a revelação de Deus, seus princípios morais se assemelharão a uma flor cortada, podada de sua haste e raiz.
- Ao falar sobre questões difíceis, precisamos atribuir autoridade àquilo que Deus disse; nem mais nem menos.
- A Bíblia não é como um quadro inestimável pendurado na parede, mas sim como uma janela por meio da qual vemos todo o resto.
- A aplicação correta das Escrituras é tão importante quanto à interpretação correta.

2. SUPREMACIA DE CRISTO. Para que nossa mensagem seja direcionada direta e consistentemente à revelação viva de Deus por meio de Cristo e para a centralidade de Sua cruz e ressurreição.

- Tudo na Bíblia, de uma forma ou outra, aponta para o Deus trino que se revelou a nós por meio de Cristo que é nosso Criador, Sustentador, Salvador, Rei, Advogado e Intercessor, Juiz, Libertador que voltará e nosso Amigo.
- O herói de nossas histórias não somos nós, mas Aquele que carregou nossos pecados em Seu corpo.
- Nosso objetivo não é *apenas* comunicar conhecimento, mas também a sabedoria que encontra plenitude de significado em Cristo.

3. TOM APROPRIADO DE COMUNICAÇÃO. Para que nossas palavras reflitam as atitudes da Pessoa e do Espírito de Cristo.

- Nossa mensagem precisa ser marcada por urgência e paciência, por convicção sem condenação; por cuidado sem comprometimento.
- Precisamos comunicar com verdade e graça.
- Precisamos falar à nossa família espiritual como irmãos e irmãs, e aos nossos inimigos como àqueles por quem Cristo morreu.
- Quando usamos outras pessoas em nossas ilustrações, precisamos tratá-las como gostaríamos de ser tratados.
- Quando falamos ou escrevemos, precisamos estar atentos às pessoas feridas e abatidas.
- Precisamos atacar as ideias ao invés de pessoas.

O objetivo dessa lista não é dizer que meus colegas de trabalho de Ministérios RBC e eu temos tido o sucesso que gostaríamos em alinhar nossos materiais e seus conteúdos a esses valores, mas certamente, é esse o nosso desejo. A razão do resumo acima é para permitir que você saiba o que estamos tentando fazer, ao mesmo tempo em que pedimos que você fique atento, caso perceba que estamos fazendo algo diferente.

Neste processo, espero que você possa declarar publicamente conosco que, quando a Bíblia nos chama para uma vida de verdade, não se trata apenas de falar sobre aprender os fatos relacionados à vida e morte. Poucas coisas são mais importantes para nossa jornada espiritual do que aprender a ver a verdade não apenas em palavras, mas também em atitudes que refletem verdadeiramente o Filho de Deus (2 Timóteo 2:24-25; 3:10). ∎

Pai celestial, obrigado por nos dar a honra de falar uns aos outros em Teu nome. Por favor, capacita-nos para que, ao falar, o façamos com palavras e atitudes que expressem os Teus anseios.

19

POR QUE COMPARTILHAR A NOSSA FÉ PODE SER DIFÍCIL

ALGUNS SEGUIDORES DE Cristo parecem achar natural compartilhar a sua fé com outras pessoas. Conversas normais, mesmo com pessoas desconhecidas, tornam-se encontros espirituais. Eles anteveem os obstáculos ao longo do caminho, respondem gentilmente as objeções e muitas vezes têm uma história que termina com mais um coração transformado.

Do lado de fora, muitos de nós invejamos tais pessoas. Gostaríamos de ter a habilidade de falar livremente daquele que morreu por nós. Ouvimos os outros dizerem que se eles são capazes, qualquer pessoa também é. Poucos pensamentos são mais perturbadores do que a dúvida de que se não estivermos guiando outros a uma fé em Cristo, temos vergonha dele ou não amamos verdadeiramente o nosso próximo.

Além do mais, sabemos o que a Bíblia diz: "Ide [...] fazei discípulos de todas as nações, batizando-os em nome do Pai, e do Filho, e do Espírito Santo; ensinando-os a guardar todas as coisas que vos tenho ordenado..." (Mateus 28:19-20).

Mas e se não estivermos fazendo discípulos de todas as nações pessoalmente, batizando e ensinando-os tudo o que Jesus nos disse para fazer? Isso significa que não estamos levando a sério a Grande Comissão de Jesus? Quando fazemos perguntas nesse sentido, a resposta é óbvia. Jesus pediu aos Seus seguidores para fazer discípulos de todas as nações *juntos* ao invés de *separadamente*. Neste processo, Ele também deixou claro que apenas por intermédio do Seu Espírito podemos ser o tipo de testemunhas que Ele nos pede que sejamos (Atos 1:8).

Um dos amigos mais próximos de Jesus aprendeu da maneira mais difícil que ser fiel a Cristo não é fácil. Horas após declarar que estava pronto para sofrer e morrer por seu Mestre (Lucas 22:33), ele não apenas cedeu aos seus medos, mas também negou repetidamente que conhecia Jesus (22:54-62).

Algumas semanas mais tarde, no entanto, o mesmo apóstolo descobriu que aquilo que não poderia fazer em sua própria força, poderia fazer pelo poder de Deus. Após ter sido capacitado pelo Espírito Santo no Dia de Pentecostes, Pedro arriscou sua vida e intrepidamente falou a uma multidão em nome do seu Senhor (Atos 2:14-40).

À vista disso, Pedro concluiu que se um fracasso como ele poderia confrontar líderes religiosos em sua necessidade de Cristo, todos seriam capazes de fazer o mesmo?

Na verdade, as cartas de Pedro parecem fazer um chamado ao testemunho que se orienta pelo exemplo ao invés dos confrontos destemidos. Ele instigou os seguidores de Jesus a resistirem às duras circunstâncias com atitudes que dessem motivos para que os outros os questionassem (1 Pedro 3:15).

Ao exigir um testemunho embasado em vidas transformadas, Pedro pediu além do que ele viu acontecer após sua mensagem do Pentecostes. O mesmo texto que registra o seu corajoso chamado para que cressem em Jesus Cristo segue descrevendo o que ocorreu entre aqueles que se uniram ao apóstolo em fé, naquilo que o Filho de Deus crucificado tinha feito por eles. O livro de Atos descreve como milhares vieram a Deus pela primeira vez em louvor e orações de agradecimento. Em seguida, descreve como esses mesmos adoradores começaram a reagir generosamente às necessidades espirituais e materiais uns dos outros (Atos 2:41-47).

Mais tarde, em sua primeira carta no Novo Testamento, Pedro utilizou o mesmo princípio, ou seja; o de compartilhar aquilo que nos foi dado como base para uma vida que evidencia a presença de Jesus. Muito tempo após a multidão presente no Dia de Pentecostes ter voltado às suas casas ou se dispersado pelo mundo devido à perseguição (1 Pedro 1:1), o apóstolo ensinou o princípio de usar o que temos recebido em favor dos outros. Ele escreveu: "Servi uns aos outros, cada um conforme o dom que recebeu, como bons despenseiros da multiforme graça de Deus. Se alguém fala, fale de acordo com os oráculos de Deus; se alguém serve, faça-o na força que Deus supre, para que, em todas as coisas, seja Deus glorificado, por meio de Jesus Cristo..." (4:10-11).

Imagine a credibilidade do evangelho quando aqueles que receberam a graça de falar forem encorajados por uma comunidade de fé que é reconhecida por esse tipo de amor e serviço aos outros!

Ao mesmo tempo, imagine quanta culpa indevida e sentimentos desnecessários de derrota espiritual nós colocamos uns sobre os outros por supor e insistir que todos nós fomos chamados para ser o mesmo tipo de testemunhas. ■

Pai celestial, dá-nos, por favor, a sabedoria para compreender quando e como dizer o que está em nossos corações, e quando permitir que a esperança e o amor que Tu tens nos dado convençam silenciosamente.

20

CARTAS EMBARALHADAS

A VIDA É COMO UM jogo de cartas. Temos que lidar com aquelas que temos em mãos. Mas o que acontece se inventarmos as regras enquanto vamos jogando? E se fingirmos que não existe uma ordem certa para o baralho das circunstâncias?

Perguntas como estas foram levantadas em 1990, quando um professor e crítico cultural norte-americano (1931-2003) Neil Postman fez um importante discurso para a Sociedade de Informática Alemã. O tema de seu discurso era: Suicídio pela informação.

Postman falou sobre os perigos de uma sociedade na qual a busca por informação está separada do compartilhar a ordem espiritual e social.

Para ilustrar seu posicionamento, Postman falou a respeito da diferença entre manusear um baralho de cartas novo recém-tirado da embalagem e fazer o mesmo com um que já tenha sido embaralhado 20 vezes. O baralho novo apresenta as cartas em uma ordem previsível. E, uma vez que o baralho usado já foi misturado diversas vezes, não há motivos para reagir com descrença ou surpresa a qualquer carta que apareça.

Postman quis dizer que a informação que não está enraizada em uma visão de vida consistente torna-se um jogo de cartas embaralhado. Ele explica: "Em um mundo sem uma ordem intelectual ou espiritual, nada é inacreditável, previsível e, portanto, nada surge como uma surpresa peculiar." Como uma voz no deserto, Postman declara: "Já não temos uma concepção coerente de nós mesmos, do nosso universo, do relacionamento que temos uns com os outros e com o mundo. Já não sabemos... de onde viemos, para onde estamos indo ou por quê... Como resultado, as nossas defesas contra o excesso de informação quebraram-se; nosso sistema imunológico para informações está inoperante. Não sabemos como filtrá-la; não sabemos como reduzi-la; não sabemos usá-la. Sofremos de uma doença cultural contagiosa".

CONHECIMENTO SEM RAÍZES. O discurso *Suicídio pela informação* de Neil Postman descreve os perigos em nossa cultura baseada em informações atuais e também das informações do passado. Os capítulos iniciais do livro de Gênesis relatam como nossos primeiros pais "autodestruíram-se pelo excesso de informação" ao se afastarem da ordem moral de seu Criador para buscar um tipo de conhecimento que arruinou suas vidas.

No meio da crescente confusão, alguns em cada geração olharam para a "ordem espiritual ou intelectual" que Postman falou a respeito. Na busca por respostas práticas, alguns se voltaram à sabedoria de um homem chamado Salomão.

A SABEDORIA DE SALOMÃO: De acordo com a Bíblia, Deus deu ao terceiro rei de Israel uma capacidade singular para sabedoria e conhecimento (1 Reis 4:29-34).

Salomão tornou-se um colecionador de provérbios. Sua sede por conhecimento era insaciável. Ele tinha a curiosidade de um cientista quando se tratava de plantas e animais (1 Reis 4:32-34). Líderes de todo o mundo vinham pessoalmente para ouvir a sabedoria de Salomão (1 Reis 10:22-24).

Mesmo em meio a riquezas e prosperidade sem par, Salomão escreveria mais tarde que a sabedoria dada a ele por Deus vale mais que o ouro (Provérbios 3:13-18).

A LOUCURA DE SALOMÃO: Ironicamente, com o passar do tempo, Salomão ignorou o conselho de Deus que tinha lhe dado poder e sabedoria. Enquanto multiplicava sua riqueza pessoal e suas esposas, ele se favoreceu à custa daqueles a quem deveria servir. Salomão até mesmo construiu altares para deuses pagãos nos montes ao redor de Israel (1 Reis 11:1-11).

No fim de sua vida, Salomão escreveu um livro curto que mostrou a deterioração de sua mente. Seus pensamentos tinham se tornado cartas embaralhadas. Sua sabedoria misturara-se ao desespero. Até recobrar um temor saudável do Senhor, Salomão não tinha uma maneira consistente de avaliar o sucesso, fracasso, ou até mesmo o significado da vida em si (Eclesiastes 12:1-7).

A SABEDORIA DE JESUS: Os fracassos de Salomão podem nos ajudar a compreender a importância de Jesus.

Assim como Salomão, Jesus é lembrado por Sua sabedoria. Diferente de Salomão, no entanto, tudo o que Jesus disse e fez reflete uma visão consistente da realidade.

O que verdadeiramente torna Jesus importante para nós é que Ele não nos deu palavras de sabedoria. De acordo com o apóstolo Paulo, Jesus *tornou-se* a sabedoria de Deu *para nós* (1 Coríntios 1:30).

O que Paulo quis dizer quando afirmou que Jesus se *tornou* sabedoria por nós? Foi por que Jesus se tornou exemplo de tudo o que é certo? Sua história nos dá respostas definitivas para a grande dúvida: 'de onde viemos, para onde estamos indo e por quê'?

A própria resposta de Paulo demonstra que Jesus fez mais que nos dar inspiração espiritual e respostas às nossas perguntas morais. O apóstolo escreveu que Jesus, além de se tornar sabedoria para nós, *tornou-se* também "...justiça, e santificação, e redenção...". Ele fez tudo isso, Paulo disse, para que nossa confiança pudesse ser embasada no que Jesus fez por nós ao invés do que poderíamos fazer por nós mesmos (vv.30-31).

Em uma segunda carta, Paulo ainda explica que para nos reconciliar com Deus, Jesus se tornou *pecado* por nós. Sendo assim, o apóstolo escreveu: "Aquele [Jesus] que não conheceu pecado, ele [Deus] o fez pecado por nós; para que, nele, fôssemos feitos justiça de Deus" (2 Coríntios 5:21).

Deste modo Jesus *se tornou* nossa sabedoria. Ele se ofereceu como resposta prática para o dilema que nossos primeiros pais criaram quando venderam suas almas pelo "conhecimento do bem e do mal". Ao preço de Sua própria morte, Jesus comprou o direito de oferecer vida eterna a todos os que confiarem nele.

Por que Ele faria isso por nós? Porque, num sentido definitivo, Jesus é como uma pilha de cartas que não foi embaralhada. Toda ordem, projeto e propósito iniciam e encerram nele. Como o nosso Criador, Juiz e Salvador, apenas Ele pode nos fazer voltar ao conhecimento que perdemos ao dizer: "...Eu sou o caminho, e a verdade, e a vida; ninguém vem ao Pai senão por mim" (João 14:6). ∎

Pai celestial, perdoa-nos por vermos Teu Filho apenas como nosso exemplo ou nosso Mestre. Ajuda-nos a vê-lo como a raiz de todas as respostas verdadeiras, como o Salvador que vem ao nosso encontro e o único que, para mostrar Teu amor, tornou--se sabedoria por nós.

Segunda parte:

PENSANDO SOBRE...

CONFIANÇA

SEGUNDA PARTE

CONFIANZA

21

A PATERNIDADE

AO CONVERSAR SOBRE A paternidade com um amigo, ele me perguntou: "— Você já parou para pensar por que a nossa tendência é pensar muito mais em Jesus do que no Pai?" Ao repassar a mesma pergunta a outro amigo, ele me respondeu: "— Claro, pensamos mais no Filho porque Jesus é o filtro que temos entre nós e Deus. Se não fosse por Jesus, seríamos consumidos por um Deus Santo." Esta frase não me saiu da mente. Alguns de nós realmente pensamos que o Filho nos ama mais do que o Pai. Sabendo disso, reflita comigo sobre a paternidade divina, para afastarmos de nossas mentes algumas questões sobre a paternidade humana, com as quais todos nós lutamos.

Alguns de nós temos dificuldades em nos relacionarmos com Deus, o Pai.

Cantamos e oramos ao Filho e nos perguntamos: "O que Jesus faria?" Mas quando Jesus fala sobre o Seu Pai, Ele toca em questões que nos afetam mais do que imaginamos.

Talvez nosso problema seja o fato de Seu Pai não responder nossas orações da maneira que queremos. Ou talvez porque pensamos nele da maneira que pensamos em pais biológicos que conhecemos. Muitos em nosso meio jamais ouviram de seus pais as palavras: eu te amo. Tantos herdaram um legado de abandono, vícios e até mesmo de abusos.

Até os melhores pais falham conosco e nos deixam quando morrem. De uma ou outra maneira, todos nós fomos afetados pelo que a Bíblia considera o *pecado dos pais*.

OS PECADOS DOS PAIS. A mesma Bíblia que diz para honrarmos nossos pais também registra as falhas morais dos patriarcas Adão, Noé, Abraão, Jacó, Davi e Salomão.

O Novo Testamento também reconhece a tendência dos pais em provocar seus filhos à ira (Efésios 6:4). Outra passagem faz uma distinção entre os pais que nos disciplinam da melhor maneira que sabem e o Pai celestial que sempre sabe nos corrigir para o nosso próprio bem (Hebreus 12:9-10).

Nestes dias, nos quais desejamos um retorno aos valores familiares, é desconcertante reconhecer que é difícil encontrar o exemplo de um bom pai, na Bíblia.

Mas talvez este desapontamento possa nos ajudar.

UM PAI DIFERENTE. Uma mulher que conheço contou-me que, em sua procura por um pai diferente de seu pai biológico, encontrou-se com o Pai celestial. Ela expunha a esperança do salmista Davi ao escrever: "Porque, se meu pai e minha mãe me desampararem, o SENHOR me acolherá" (Salmo 27:10).

Davi repetiu a ideia de que Deus é o "Pai dos órfãos" em outro versículo (Salmo 68:5), mas foi Jesus quem nos fez compreender melhor o Pai celestial.

O PAI DE JESUS. As Escrituras não falam muito sobre o relacionamento entre Jesus e José, o homem que se casou com a mãe de Jesus e o educou como seu filho.

No entanto, com a idade de 12 anos, Jesus já se relacionava com o Seu Pai eterno. Ao ficar em Jerusalém após a Festa da Páscoa, Jesus disse a Maria e José: "Por que me procuráveis? Não sabíeis que me cumpria estar na casa de meu Pai?" (Lucas 2:49). Anos mais tarde, quando por volta de 30 anos, Jesus iniciou Seu ministério, Ele falava muito sobre o Pai. Ele disse aos Seus discípulos que havia vindo para levá-los ao Seu Pai, que falava e agia por intermédio dele (João 14:8-11). Quando um deles lhe pediu que lhes mostrasse o Pai, Jesus respondeu: "Quem me vê a mim vê o Pai" (v.9). Em seguida, quando estava pronto a completar o trabalho que Ele disse que Seu Pai lhe dera para cumprir, Jesus disse aos Seus amigos que estava partindo para lhes preparar um lugar na casa de Seu Pai (João 14:2). E disse também: "...vou [...] para o Pai, pois o Pai é maior do que eu" (João 14:28).

Por tudo o que Jesus já disse sobre Seu Pai, é evidente que Ele quer que confiemos em Seu Pai, e no que Ele faz.

UM PAI COM DIMENSÕES BÍBLICAS. No entanto, muitos em nosso meio ainda não encontraram a ajuda que procuram em um Pai invisível. Inquietamo-nos quando o nosso Pai eterno não responde nossas orações no momento e da maneira que gostaríamos. Temos a certeza que, por mais imperfeitos que sejam os nossos pais, se eles tivessem dez mil anjos sob o comando deles, certamente nos dariam a ajuda que o nosso Pai eterno achou melhor não nos dar, naquele momento ou daquela maneira. Em diversas ocasiões nos ouvimos repetindo as conhecidas palavras do salmista e de Jesus, "Deus meu, Deus meu, por que me desamparaste? (Salmo 22:1; Mateus 27:46).

Mas de onde tiramos a ideia de que o nosso Pai celeste deve seguir o roteiro que escrevemos para Ele? Se Jesus era igual ao

Seu Pai, então Suas ações eram tão imprevisíveis quanto imutável era o caráter de ambos. Jesus não dizia aos Seus discípulos o que eles esperavam ouvir. Ele não usava Sua força para fazer tudo que eles queriam que fizesse. Ele tinha planos que os discípulos não conseguiam compreender. Mas, no final, apesar de toda esta imprevisibilidade, Jesus lhes revelou um Pai que lhes deu mais do que eles esperavam.

Em retrospectiva, os amigos de Jesus reconheciam o quanto Jesus tinha sido fiel a eles. Quando acharam que morreriam durante a tempestade (Marcos 4:37-38), e quando toda a esperança esvaía-se, Jesus os surpreendeu mostrando-lhes que o Seu Pai tinha a capacidade de acalmar a tempestade, ressuscitar os mortos, e substituir o desespero pela esperança.

Este Pai que se revelou através de Jesus não é igual ao papai que nos acolhe em seus braços, nos coloca sobre seus ombros, e nos apoia em eventos escolares. Mas isto não significa que Ele é um mistério como alguns de nós achamos. Jesus é exatamente como Deus e Deus é exatamente como Jesus.

Em Seu interior e em Sua personalidade, Jesus é exatamente como o Pai, que "...amou ao mundo de tal maneira que deu o seu Filho unigênito..." (João 3:16).

É diferente do que pensar que Jesus veio para nos proteger de Seu Pai. Quando vemos Jesus morrendo e intercedendo por nós, e permitindo que usemos Seu nome para nos aproximarmos do Pai, não quer dizer que o Filho é mais misericordioso do que o Pai. Mas esta sinergia acontece porque o Pai e o Filho concordam perfeitamente sobre o amor que sentem por nós. ∎

Pai celestial, nós precisamos nos desvencilhar dos problemas que tivemos com os nossos próprios pais, os quais anuviam a nossa confiança em Ti. Há tanto ainda por aprender sobre a Tua pessoa. Por favor, ajuda-nos a reconhecer tudo o que Tu queres nos mostrar sobre a Tua paternidade, no andar e nas palavras do Teu Filho Jesus.

22

HOUSTON, — TEMOS UM PROBLEMA!

VOCÊ ALGUMA VEZ viu uma lista das centenas de leis que acrescentam detalhes aos Dez Mandamentos de Moisés? Você já viu a lista de tudo o que Jesus ou o apóstolo Paulo nos disseram para fazer?

Se a sua resposta for afirmativa, você provavelmente vislumbrou o tesouro do discernimento e da sabedoria que Deus nos outorgou. Parece que o apóstolo Paulo reconhecia a riqueza e a maravilha de cada palavra de Deus quando ele escreveu que "Toda a Escritura é inspirada por Deus e útil...".

No entanto, como quase sempre acontece, há outro lado em estar absorvido pelas leis e sabedoria de Deus. Veja se você concorda com os meus pensamentos sobre este assunto.

Dois dias antes da nave espacial *Apolo 13* aterrissar em sua missão à Lua, e a quase 320 mil quilômetros da Terra, um dos tanques de oxigênio da nave explodiu. Repentinamente a cabina de ar, a água e o suprimento de energia estavam em risco. O controle da missão, cuja base de apoio operava da cidade de Houston, Texas, EUA, teve que superar enormes desafios para trazer a tripulação de volta à Terra.

Desde aquela crise no espaço até os dias atuais, a expressão "Houston, temos um problema" adquiriu seu próprio significado. Geralmente a citamos entre sorrisos, mas sempre com a impressão de estarmos sob séria ameaça à vida.

Será que a eternidade é a nossa base de apoio?

As palavras dos astronautas da Apolo vieram à minha mente enquanto pensava nessa pergunta: O que aconteceria se enxergássemos o céu como a nossa base de apoio de onde receberíamos as instruções para retornar com segurança ao lar, se seguíssemos as orientações vindas de lá? Sabe o que penso? Se retornar com segurança ao *lar* depender de nossa habilidade em cumprir o que somos ensinados a fazer, então "Houston, nós realmente temos um problema."

Não posso sequer pensar em uma lei de Moisés, Cristo, ou Paulo que eu não tenha em princípio, desrespeitado ou deixado de cumprir. Não há jeito de responder, "Paciência? Cumpri. Não se preocupe? Cumpri. Ame os inimigos? Cumpri." Se a lista de verificações for importante, a minha está uma confusão.

Como podemos retornar ao lar, em segurança?

Por essas e outras razões, para mim é difícil compreender aqueles que — pela salvação ou pelo crescimento espiritual — parecem tão concentrados em obedecer aos mandamentos de Moisés, Jesus ou Paulo. Parece-me que as pessoas que estão verdadeiramente honrando o espírito da lei são aquelas que foram impactadas e cobertas pela graça de Deus, Seu perdão, e Sua paciência a despeito do nosso desinteresse e incapacidade de obedecer-lhe, fiel e completamente (Lucas 18:10-13).

E qual é a nossa parte nesta missão? É importante compreender o espírito que rege os mandamentos da Bíblia. Quando o Antigo e o Novo Testamento nos urgem a *obedecer* a Deus, o primeiro significado destas palavras em hebraico e grego frequentemente são "ouvir" ou "dar atenção a". Por exemplo, a palavra hebraica que com frequência é traduzida como *obedecer* na Bíblia é traduzida pelo vocábulo "ouve" no conhecido versículo "Ouve, Israel, o SENHOR, nosso Deus é único SENHOR" (Deuteronômio 6:4). No Novo Testamento a palavra grega traduzida como *obedecer* significa "ser persuadido". Conforme o *Dicionário Vine* (CPAD 1939), a ênfase não está na submissão da autoridade, mas na ação que resulta por estar convencido pela razão e verdade. O autor do livro de Hebreus está comunicando a ideia de que devemos ser persuadidos pela verdade, quando diz: "Obedecei aos vossos guias e sedes submissos para com eles, pois velam por vossa alma..." (Hebreus 13:17).

COMO A TRANSIÇÃO DO PENSAMENTO FUNDAMENTADO NA AUTORIDADE PODERÁ AFETAR A NOSSA RESPOSTA A DEUS? Faria diferença se em vez de Jesus dizer, "Obedeça-me," Ele dissesse: "Ouça-me. Para o seu bem, Eu quero a sua atenção. Eu não quero simplesmente a sua obediente aceitação, mas quero o seu amor porque Eu o amo."

Por exemplo, imagine um marido e uma mulher conversando entre si. Com crescente frustração um deles diz: "Olhe, me diga o que você quer que eu faça, e eu farei. Seja específico. Não me faça adivinhar o que você está procurando." O outro responde: "Não, eu não vou dizer o que você deve fazer. Eu simplesmente não quero ouvir a sua reclamação constante, eu quero o seu coração."

Esse tipo de conversa desorienta alguns de nós. Mas é o que precisamos. O próprio Deus não nos diz, exatamente, como devemos demonstrar nossa paciência, autocontrole, e nosso amor por Ele em momentos específicos de nossas vidas. Deus nos mostra o quanto nos ama, dá-nos os princípios gerais, e em seguida nos pede que lhe respondamos com o nosso coração.

COMO SERIA A TEOLOGIA DO VIVER E OUVIR?

Para ouvir mais de Deus ao invés de menos, que tal lhe pedir para nos ajudar a ouvir mais do que, as nossas obrigações morais para com Ele? Que tal se parássemos de falar tempo suficiente para ouvi-lo sussurrar? "Aquietai-vos e sabei que eu sou Deus..." (Salmo 46:10). E se, enquanto tentássemos obter Seu favor e ajuda, começássemos a verdadeiramente ouvir uns aos outros, aos nossos inimigos políticos e espirituais, e até mesmo os nossos próprios corações? Será que ouviríamos Jesus dizer: "As minhas ovelhas ouvem a minha voz; eu as conheço, e elas me seguem" (João 10:27)?

Seguir desta maneira é tão diferente de prosseguir de forma orgulhosa ou para se autojustificar. Quando ouço cuidadosamente a Sua voz nas Escrituras, eu não ouço alguém consumido pela autoridade e comando. Em vez disso, ouço o amor que diz: "Vinde a mim, todos os que estais cansados e sobrecarregados, e eu vos aliviarei. Tomai sobre vós o meu jugo e aprendei de mim, porque sou manso e humilde de coração; e achareis descanso para a vossa alma. Porque o meu jugo é suave, e o meu fardo é leve" (Mateus 11:28-30).

Apesar de Jesus ter todo o direito de exigir a nossa imediata e desqualificada obediência, Ele se aproxima de nós com gentileza apelando não somente à nossa vontade, mas às nossas mentes e corações. Nos últimos capítulos da Bíblia, Ele ainda fala para a

Sua família, obstinada e distraída, "Eis que estou à porta e bato; se alguém ouvir a minha voz e abrir a porta, entrarei em sua casa e cearei com ele, e ele, comigo" (Apocalipse 3:20). ■

Pai celestial, precisamos tanto de ti, muito mais que os nossos astronautas precisavam da base de apoio. O Senhor entende os nossos problemas infinitamente melhor do que nós mesmos os compreendemos. Tens o direito de exigir nossa obediência e submissão à Tua autoridade. Teus mandamentos são perfeitos. Tuas leis são corretas, no entanto, Tu vês muito melhor do que nós, o quanto somos incapazes de guardar até mesmo um de Teus mandamentos, sem falar de todos eles. Obrigado por dar-nos Teu Filho, em vez de exigir que déssemos a ti alguma coisa. Obrigado por nos pedir para ouvir o Teu coração — e por nos dar razões para confiar em Ti — em vez de simplesmente nos dizer para obedecer-te cegamente.

23

A INFLUÊNCIA DA INTERCESSÃO

UM DOS DESAFIOS DE nossa caminhada juntos é redescobrir sempre a importância daquilo que já sabemos. Acontece o mesmo ao orarmos uns pelos outros e por isso escrevo com um senso de renovada urgência. Sinta-se à vontade para descobrir nas entrelinhas o que desejo que meu próprio coração redescubra. E, nesta reconsideração sobre um dos princípios mais básicos da Bíblia, meus parceiros de trabalho e eu estamos profundamente agradecidos a todos os que têm sustentado nosso trabalho em oração, e aos amigos que como você, oram por nós.

De vez em quando, me percebo em pensamentos que me levam a questionar se alguém está orando por mim. Algumas vezes é o fato de despertar com uma canção em mente, que aparenta ter vindo do nada. Em outras ocasiões, me percebo com uma sensibilidade à bondade de Deus ou Sua presença que parece ter vindo além de mim mesmo.

Causa-me surpresa que estes momentos possam me deixar com sentimentos confusos. Parte de mim pode sentir-se grato por pensar que outra pessoa está intercedendo por mim. Outra parte pode aborrecer-se. Se outra pessoa pode afetar meus pensamentos mais profundos ao apelar aos céus em meu interesse, quanto de mim está sendo moldado pelas orações de outros?

A inquietação por trás de minha pergunta lembrou-me de como estamos prontos a perder de vista a interação entre as nossas escolhas e as orações dos outros por nós. De acordo com a Bíblia:

NOSSO CRESCIMENTO E SAÚDE ESPIRITUAL NÃO DEPENDEM APENAS DE NÓS. O apóstolo Paulo confirmou isto quando disse aos seguidores de Cristo que estava orando para que o Senhor abrisse os olhos dos seus corações para que pudessem crescer em seu conhecimento de Deus e enxergar o quanto Ele os amava (Efésios 3:14-21; Colossenses 1:9-11).

Paulo acreditava, e vemos isto confirmado nas Escrituras, que o crescimento espiritual pode ocorrer em nós, por meio da ajuda das orações de outros em nosso favor — e ainda assim deixando espaço para nos tornarmos responsáveis por nossas próprias decisões.

Nossa saúde espiritual e crescimento também dependem de como reagimos quando Deus responde as orações dos outros por nós.

Embora o mistério em compreender como Deus responde as orações possa nos fazer questionar quem está no controle de nossas vidas, não precisamos nos preocupar com isso. Ainda que nossa compreensão seja alterada pelo resultado da intercessão de outras pessoas, as escolhas que fazemos permanecem nossas.

ISTO SIGNIFICA QUE ACEITO PACIFICAMENTE A ORAÇÃO INTERCESSORA? Gostaria de dizer que sim. Contudo, se orar pelos outros é tão importante, nem gosto de pensar em quantas vezes prometi aos outros que oraria por eles, sem fazê-lo.

E quando *orei repetidamente* por aqueles que realmente me preocupam — sem resultados visíveis — e ao questionar por que pareço não ser capaz de tocar o coração de Deus.

Estamos desperdiçando nosso tempo se as nossas orações por outras pessoas não parecem fazer diferença em suas vidas? Encontro as respostas na Bíblia.

DE ACORDO COM A BÍBLIA, INTERCESSÃO É...

Uma oportunidade para demonstrar nossa fé. Quando não vemos a resposta do Senhor para nossas orações pelos outros, deparamo-nos com uma escolha importante: desistir de Deus ou usar a falta de respostas visíveis como teste de nossa confiança no Único que nos instiga a continuar orando uns pelos outros. Deus considera nossa fé mais preciosa que o ouro (1 Pedro 1:7). Sua decisão em *não* nos conceder tudo o que pedimos de imediato nos oferece uma importante oportunidade para confiar nele.

Uma prioridade de amor. Nossa preocupação pelos outros, às vezes, nos faz sentirmo-nos desamparados. Lamentamos que tudo o que podemos fazer é orar. Mas ao considerar a intercessão como último recurso, podemos subestimar um dos meios mais importantes para demonstrar o verdadeiro amor.

Se aceitarmos a perspectiva do Novo Testamento de que a oração é um modo de demonstrarmos a nossa consideração (Colossenses 4:12-13), então interceder uns pelos outros é uma das maiores urgências que temos.

Um compromisso de nossa interdependência. Quando oramos uns pelos outros, estamos seguindo o exemplo do apóstolo Paulo. Ele pediu aos leitores de suas cartas para que orassem por ele (Romanos 15:30-32), do mesmo modo que pediu ao Pai celestial que abrisse os olhos espirituais daqueles por quem ele estava orando (Efésios 3:14-21).

Um exercício de persistência. Orar uns pelos outros sem resultados visíveis pode nos esgotar e nos persuadir a entregar os pontos. Quando não vemos as respostas de Deus, somos propensos a pensar que se Ele fosse responder nossa oração, já o teria feito. Porém, uma das dimensões mais importantes da oração intercessora é a persistência. Ao, pacientemente, orarmos para que Deus dê àqueles com quem nos importamos a graça de esperar nele, compartilhamos a paciência que constrói profundidade e riquezas do coração em pessoas de fé (Romanos 5:3-4; Hebreus 11:1-2,13-16).

É por meio da prática da constante intercessão que ajudamos uns aos outros a continuar confiando em Deus. Pela paciência resultante da oração, nos apropriamos de nosso lugar entre inúmeros outros, os quais já descobriram que "...ao anoitecer, pode vir o choro, mas a alegria vem pela manhã" (Salmo 30:5).

O compartilhar da esperança. Se já tivermos experimentado a bondade e a sabedoria de Deus, então a intercessão pode ser uma maneira de ajudarmos uns aos outros a juntos nos erguermos sobre as asas da esperança.

Em meio aos problemas e com o passar do tempo, poucas coisas são mais importantes do que experimentar a confiante expectativa de que Deus mostrará que Ele é merecedor de nossa confiança.

Por tal esperança ser um dos temas principais da Bíblia, o apóstolo Paulo pôde escrever: "Pois tudo quanto, outrora, foi escrito para o nosso ensino foi escrito, a fim de que, pela paciência e pela consolação das Escrituras, tenhamos esperança" (Romanos 15:4).

Tão importante quanto, Paulo demonstrou que o Deus a quem

oramos é a fonte de nossa esperança. E ele escreveu, em forma de oração: "E o Deus da esperança vos encha de todo o gozo e paz no vosso crer, para que sejais ricos de esperança no poder do Espírito Santo" (Romanos 15:13). ∎

Pai celestial, por intermédio de Tua Palavra, reconhecemos que Teu Filho e Espírito já intercedem por nós (Romanos 8:26; Hebreus 7:24-25). Desta maneira, agora, pedimos por Tua ajuda para unirmo-nos a Eles no que o Senhor nos convidou a fazer (1 Timóteo 2:1). Por favor, encoraja os nossos corações na expectativa de que Tu és capaz de ajudar àqueles que estão em nossos corações... ao nos ajoelharmos uns pelos outros.

24

O MELHOR AMIGO DO HOMEM

Um cão poderia nos ensinar algo sobre o nosso Deus? Alguns poderiam dizer: "Claro, se tivéssemos o direito de esperar que eles nos obedecessem — para o bem deles e nosso prazer. Deus também tem o direito de esperar que nós o obedeçamos — para o nosso próprio bem e para o prazer dele." Fico imaginando o que poderia acontecer se em vez de compararmos o cão a nós mesmos, traçássemos um paralelo entre o melhor amigo do homem e o nosso Mestre? Lembremo-nos, com o auxílio da Bíblia, que todas as coisas boas da vida podem nos direcionar ao Deus que é a fonte de todo o bem — mesmo sendo infinito e eternamente supremo.

As pesquisas demonstram que 43 % dos lares brasileiros possuem cachorros ou gatos. Alguns são cães guias ou de assistência e prestam auxílio às pessoas portadoras de necessidades especiais. Outros são usados para guarda ou caça. A maioria, porém, serve para companheirismo.

Por que amamos os nossos cachorros? Não seria por não pararmos para pensar nos buracos que cavaram em nossos quintais, nas telas de portas que arruinaram e nas quantias em dinheiro que são consumidas dos nossos eventuais rendimentos?

A tais custos, os proprietários dos cachorros poderiam dizer: "Você não está entendendo, os nossos cães fazem parte da família." Amamos os cães, pois...

- Eles nos amam mesmo quando os outros não nos amam.
- Eles nos recepcionam em casa sem perguntar o motivo de nosso atraso.
- Eles são mais perdoadores do que as pessoas.
- Eles gostam de ficar perto de nós, mesmo quando nossa autoestima está baixa.
- Eles não se importam com a nossa aparência.

SERÁ QUE EXISTEM OUTROS MOTIVOS? Um adesivo no para-choque sugere a oração: "Querido Senhor, por favor, ajuda-me a ser a pessoa que meu cão pensa que eu sou." Talvez aqui haja mais do que uma simples brincadeira. Se nossos cães conseguem nos motivar a orar, talvez também possam nos ajudar a compreender o verdadeiro significado da expressão "...o melhor amigo do homem".

O Amigo que nos vê em nossos piores momentos e ainda assim nos ama. Apesar de nossos cães conseguirem perceber nossa impaciência, negligência e ausência, eles nunca compreendem o motivo de nossas ações. Podem perceber nossas emoções, mas não reconheceriam a diferença se lhes disséssemos coisas cruéis com voz agradável ou entenderiam se pedíssemos que ficassem quietos, para que pudéssemos evitar atender o vizinho que estivesse à porta, precisando de nossa ajuda.

A Bíblia, por outro lado, descreve aquele que vê e entende o que está errado conosco — sem perder Seu amor por nós.

Conforme o Antigo e o Novo Testamento, o melhor de todos os amigos vê mais do que as nossas falhas e limitações físicas. Ele perscruta a profundeza sombria e a escuridão de nossos corações, vê ali o que há de pior, e oferece em troca de nossa confiança o Seu completo perdão e aceitação.

O AMIGO QUE PODE SUPRIR NOSSAS NECESSIDADES MAIS PROFUNDAS. Embora seja verdade que os nossos cães possam nos ajudar a aliviar a solidão, a prestar mais atenção ao próximo e a evitarmos as doenças relacionadas ao estresse, eles podem apenas começar a prestar a ajuda que realmente precisamos.

No entanto, o Novo Testamento descreve aquele que nos dá uma prova de Sua bondade e poder no momento presente, enquanto nos promete a completa saúde e felicidade no futuro. Quando os quatro evangelhos descrevem a habilidade de Jesus para curar os problemas mentais, emocionais e físicos, eles nos apresentam ao Amigo que um dia voltará e usará a própria eternidade para nos mostrar a amplitude do que Ele pode fazer por nós.

Ao descrever o que o Amigo fiel e supremo é capaz de fazer, o livro de Apocalipse antevê o dia em que "...[Deus] lhes enxugará dos olhos toda lágrima, e a morte já não existirá, já não haverá luto, nem pranto, nem dor, porque as primeiras coisas passaram" (Apocalipse 21:4).

O AMIGO QUE CONSCIENTE E VOLUNTARIAMENTE DÁ A SUA VIDA POR SEUS INIMIGOS. Apesar de haver muitas histórias sobre cães que salvaram a vida de seus donos, e ainda que alguns deles tenham até morrido para proteger os seus senhores, tais acontecimentos refletem mais o instinto canino do que a sua personalidade.

A Bíblia descreve aquele que amorosa e conscientemente suportou a mais pavorosa vergonha e o sofrimento mais cruel para transformar os inimigos em amigos. Sobre a morte sacrificial e voluntária de Jesus, o apóstolo Paulo escreveu: "Mas Deus prova o seu próprio amor para conosco pelo fato de ter Cristo morrido por nós, sendo nós ainda pecadores" (Romanos 5:8).

O AMIGO QUE VIVE EM NÓS E ATRAVÉS DE NÓS.

A lembrança de um cão fiel e leal pode permanecer em nossos corações por muito tempo após sua morte, no entanto, esse contínuo afeto é apenas uma recordação.

Jesus, ao contrário, deixa-nos mais do que apenas agradáveis lembranças de Sua amizade. Ele concede o Seu Espírito Santo àqueles que o aceitam. Como o apóstolo Paulo escreveu, "...Estou crucificado com Cristo; logo, já não sou eu quem vive, mas Cristo vive em mim; e esse viver que, agora, tenho na carne, vivo pela fé no Filho de Deus, que me amou e a si mesmo se entregou por mim" (Gálatas 2:19,20).

Nosso Criador, ao oferecer-nos Sua própria amizade, em Cristo, não diminui a lealdade de um cachorro, nem o amor de um membro da família ou de outro amigo querido qualquer. Em vez disso, Deus usa as alegrias temporárias desta vida para nos ajudar a almejar um amor que jamais acabará. ■

Pai celestial, muito obrigado pela amizade e alegria que um cão amigo nos traz. Por favor, ajuda-nos a lembrar que o melhor que esta vida tem a nos oferecer nos é dado para que entreguemos a ti, e, para que desfrutemos de um relacionamento com o Senhor, o qual traz significado a todas as outras alegrias.

25

PROFECIAS NÃO CUMPRIDAS

Recentemente vi uma foto da galáxia Sombrero tirada pelo Telescópio Espacial *Hubble*. Diz-se que esta bonita galáxia possui 800 bilhões de sóis e fica a 28 milhões de anos-luz da Terra. Uma vez que astrônomos estimam existir mais de 100 bilhões de outras galáxias em nosso próprio universo observável, torna-se rapidamente evidente que estamos falando de dimensões que não podemos compreender.

O que poderia ser maior que o *Criador* de tal universo? Numa das cartas de Paulo, ele menciona as "...insondáveis riquezas de Cristo..." e o mistério de "...Deus que criou todas as coisas" (Efésios 3:8,9). Este texto pode auxiliar a pensar sobre a admiração e adoração a este Cristo.

É possível os seguidores de Cristo terem exagerado sobre as profecias cumpridas? Como muitos outros, cresci ouvindo que uma das mais fortes razões para crer em Jesus é o fato de Ele ter cumprido centenas de previsões das Escrituras Judaicas. Anos mais tarde me vi questionando onde estava a maior parte dessas profecias. Na maioria, quando cheguei as fontes por conta própria, encontrei declarações obscuras ou misteriosas, escritas no pretérito, e referindo-se historicamente a alguém diferente de um futuro Messias.

Mateus, o escritor do evangelho, por exemplo, construiu parte de sua defesa por Jesus em tais passagens. Para convencer seus compatriotas judeus de que há uma relação entre as Sagradas Escrituras e Jesus de Nazaré, ele repetidamente reivindicou cumprimentos de profecias nas quais a maioria de nós provavelmente concordaria que não há previsões claras.

Um dos exemplos ocorre quando José e Maria levaram Jesus para o Egito. Mateus diz que isso aconteceu: "...para que se cumprisse o que fora dito pelo Senhor, por intermédio do profeta: Do Egito chamei o meu Filho" (Mateus 2:15).

Mas onde está a profecia? Mateus acaba por citar "...para que se cumprisse o que fora dito pelo Senhor, por intermédio do profeta: Do Egito chamei o meu Filho" (Mateus 2:15).

Mas onde está a profecia? Mateus cita o antigo profeta Oseias que, no contexto, referia-se ao nascimento da nação de Israel, ao invés do futuro nascimento de um Messias em pessoa.

O QUE MATEUS ESTÁ VENDO? Embora não possamos perguntar diretamente a Mateus sobre este problema, podemos ouvir atentamente a maneira como ele esclarece o que diz. Nos capítulos seguintes, ele deixa claro que ao escrever sobre *cumprimento*, está pensando em algo maior do que o resultado final de profecias específicas.

No evangelho de Mateus 5, ele cita Jesus dizendo: "Não penseis que vim revogar a Lei ou os Profetas; não vim para revogar, vim para cumprir" (v.17). Jesus continua a dizer que cada detalhe da Lei deve ser cumprido (v.18).

Para compreender como a Lei e a vinda dos Profetas poderiam se cumprir é importante saber que Jesus teria visto mais no termo Lei do que apenas mandamentos morais. Até hoje o povo judeu usa o termo *Torá*, ou a *Lei*, para se referir à totalidade da instrução que Deus confiou a Israel. Tudo começou com os cinco livros de Moisés e englobava toda a lei, história e rituais cerimoniais do povo escolhido de Deus.

UMA HISTÓRIA DE ISRAEL CUMPRIDA.

Foi neste sentido amplo que Mateus escreveu sobre o cumprimento das profecias. À medida que refletiu sobre acontecimentos específicos na vida de Jesus, ele viu como estes deram uma plenitude de significado para os padrões e princípios históricos na história do povo escolhido de Deus.

Ambos, Israel e seu tão aguardado Messias eram servos escolhidos e trariam benção para o mundo inteiro (Gênesis 12:1-3). Mas teriam uma diferença importante. Israel viveria e morreria como um *exemplo* do que acontece com aqueles que confiam em Deus e àqueles que o desobedecem. Seu Messias viveria e morreria em perfeita obediência, para se tornar o sacrifício de amor de Deus e redentor do pecado para o mundo (Isaías 53; João 3:16).

UM SISTEMA SACRIFICIAL CUMPRIDO.

João Batista deve ter confundido a multidão que o ouvia quando apontou para um rabino de Nazaré e disse: "...Eis o Cordeiro de Deus, que tira o pecado do mundo!" (João 1:29). Ele teria proferido tais palavras três anos antes destas poderem ser compreendidas. No entanto, considerando o que aconteceu, podemos ver que as peças de um antigo quebra-cabeça foram se encaixando. O misterioso servo sofredor descrito no livro de Isaías 53 estava prestes a ser visto na execução do muito aguardado Messias de Israel. Somente após a ressurreição de Jesus, tornou-se claro que todo o sistema judaico de sacrifício fora cumprido quando o próprio Filho de Deus morreu por nossos pecados (Hebreus 10:10).

UM CALENDÁRIO PARCIALMENTE CUMPRIDO. Por milhares de anos, a nação de Israel tem celebrado um ciclo anual de feriados que datam do tempo de Moisés (Levítico 23). Desde o primeiro século, estes festivais adquiriram uma nova significação. Jesus foi crucificado na Páscoa — para conceder o êxodo final da escravidão. Foi enterrado durante a festa dos pães asmos — para de uma vez por todas *descartar* o fermento do pecado. Foi ressuscitado na celebração das primícias — como o primeiro dos que ressuscitarão em Seu nome. Cinquenta dias mais tarde, na festa de Pentecostes; dia em que os judeus celebram a entrega da Lei — Jesus enviou o Seu Espírito para capacitar Seus seguidores a cumprirem o princípio da lei de seus corações. Três feriados continuam sem ser cumpridos. Eles acontecem no final do ciclo de feriados anuais de Israel e correspondem aos acontecimentos previstos que ainda não aconteceram.

O CUMPRIMENTO DE PROFECIAS CLARAS. Além dos padrões de adoração e história cumpridos, os profetas de Israel também nos dão algumas profecias claras e convincentes. Eles nos dizem quando e onde o tão antecipado Filho de Abraão e Davi nasceria. O profeta Miqueias previu que um misterioso e eterno governante viria de Belém (Miqueias 5:2, Mateus 2:2-6). Em seguida, temos Daniel que, mesmo escrevendo centenas de anos antes de Cristo, previu o tempo exato da vinda do Messias (Daniel 9:24-26). Ninguém a não ser Deus poderia ter orquestrado todos os padrões, princípios e profecias que foram cumpridas em Jesus. Juntos, eles demonstram que Mateus não estava exagerando na defesa de Jesus. Como nosso Criador, toda a história começa nele. Como o israelita perfeito, Ele cumpriu o espírito e a letra da lei, e também a história do "povo escolhido". Como nosso Juiz, toda a história termina em Seu tribunal. Como nosso Salvador, todos os que confiam em Sua oferta de misericórdia encontrarão satisfação, não no que temos feito para Deus, mas no que Deus fez por nós — em Cristo (Colossenses 2:20). ∎

Pai celestial, obrigado por ajudar-nos a ver que Teu Filho é sempre mais e não menos do que estamos procurando. Assim como os padrões, princípios e profecias de Israel cumpriram-se nele, por favor, ajuda-nos também a encontrar em Jesus, tudo e além do que nossos próprios corações desejam.

26

SENTINDO-SE ABATIDO

O QUE PODEMOS FAZER quando nos sentimos mal-humorados, aborrecidos e perdidos em emoções inexprimíveis? E, se, além disso, estivermos nos sentindo culpados por sermos incapazes de orar e de escapar das situações que consomem nossa atenção e energia?

CONVERSA ESPIRITUAL QUE, SUPOSTAMENTE, DEVE NOS ACALMAR. Imagine-se encontrando um grupo de conselheiros para descobrir se algum deles poderá nos ajudar. Um deles é um pastor portando uma Bíblia. Outro dirige um carro que ostenta o símbolo de um peixe. Outro se apresenta como médico ou psiquiatra. Dois são psicólogos. O último a chegar traz uma pasta de papéis, em cuja capa há o símbolo de um peixe com o nome de *Darwin* dentro dele.

AS PERGUNTAS COMEÇAM A SURGIR: Há quanto tempo você se sente assim? Horas, dias, meses? O que tem acontecido em sua vida? Desapontamentos? Aborrecimentos? Excesso de trabalho? Perda de emprego, casamento, ou alguém amado? Algum histórico de depressão na família? Algum motivo para sentir raiva ou medo? Há quanto tempo você não faz um exame clínico geral?

Cirurgias recentes, nascimento de bebê, estresse financeiro? Que remédios você está consumindo? As perguntas continuam. Quantas horas de sono? Qual o tipo de sua alimentação? Quanto exercício físico você pratica para que o seu coração seja saudável; físico, social e espiritualmente?

Após termos respondido às perguntas da melhor maneira possível, o membro mais velho do grupo diz: "Reconhecemos que você está lutando com a escuridão. No entanto, como você pode observar, cada um de nós o ouve considerando a sua própria área de especialização. Precisamos de algum tempo para comparar nossas anotações, e sugiro que você volte à sua casa e reconsidere as perguntas que lhe fizemos, antes de nosso próximo encontro."

Neste meio tempo, caso você precise de ajuda imediata, aqui está uma lista que contém nossos números de telefones e números adicionais para uma linha aberta 24 horas. Qualquer um de nós fará tudo que puder para ajudar.

E AGORA, QUE ESTAMOS NOVAMENTE SÓS, percebemos que mesmo após ouvir as perguntas dos conselheiros, relembramos o que já sabemos que é a verdade.

Há um relacionamento complexo e delicado entre o corpo, alma e espírito. Somos tão maravilhosa e assombrosamente formados que uma interrupção em nossa saúde física pode turvar nossa mente e alterar nosso humor, da mesma maneira que a raiva, o medo e a desesperança podem afetar a química do nosso corpo.

HÁ MOMENTOS EM QUE mudanças de pensamentos e perspectivas podem alterar nosso humor drasticamente (Salmo73). Às vezes, é necessário uma boa noite de descanso, uma caminhada no parque, conversas especiais com os amigos ou boas risadas. Em outros momentos é necessário uma luta honesta, com o coração dilacerado na presença de Deus — a ponto de nos rendermos completamente a Ele.

E HÁ MOMENTOS EM QUE, AO ESPERARMOS NO SENHOR POR SUA SABEDORIA E AJUDA, precisamos lembrar que "...na multidão de conselheiros há segurança" (Provérbios 11:14). Especialmente quando a tristeza continua e nem sabemos a razão que a motiva, nada que fazemos parece ajudar. Este pode ser o momento de receber a ajuda de um doutor, ou reconhecido conselheiro, sem deixar para trás o conselho espiritual e o apoio que necessitamos vindos de um sábio pastor ou de um amigo espiritualmente maduro.

Mas mesmo se estivermos lutando com uma depressão resultante de fatores biológicos, ao olharmos para a vida, pelas janelas da Bíblia, não nos esqueçamos daqueles que gentilmente nos ajudam a encontrar forças para o momento e esperança para o futuro. O apóstolo Paulo nos lembra: "Pois tudo quanto, outrora, foi escrito para o nosso ensino foi escrito, a fim de que, pela paciência e pela consolação das Escrituras, tenhamos esperança" (Romanos 15:4).

O pastor e autor de canções — Davi, deu-nos expressões poéticas cheias de emoções obscuras e desesperadas. No entanto, aquelas mesmas canções mostram como seu coração transbordava frequentemente em celebrações pelo que somente Deus poderia ter feito para ele.

Imagine como Davi sentia-se triste ao escrever: "Não me repreendas, SENHOR, na tua ira [...] Pois se elevam acima da minha cabeça, como fardos pesados, excedem as minhas forças [...] Estou aflito e mui quebrantado; dou gemidos por efeito do desassossego do meu coração. Na tua presença, Senhor estão os meus desejos todos, e a minha ansiedade não te é oculta. Bate-me excitado o coração, faltam-me as forças [...] Os meus amigos e companheiros afastam-se da minha praga, os meus parentes ficam de longe [...] Pois estou prestes a tropeçar; a minha dor está sempre perante mim. Confesso a minha iniquidade, suporto tristeza por causa do meu pecado. Mas os meus inimigos são vigorosos e fortes [...] Não me desampares SENHOR, Deus meu, não te ausentes de mim. Apressa-te em socorrer-me, Senhor, salvação minha" (Salmo 38).

Esta canção não diz que há relação direta entre os nossos pecados e nosso sofrimento. Nem nos dá uma fórmula para descobrirmos os resultados. Não nos oferece qualquer garantia de que nossas esperanças e sonhos serão realizados nesta vida. Mas uma canção como esta pode nos dar uma perspectiva muito importante, assim como todas as Escrituras. Pode trazer-nos conforto saber que outros antes de nós já sentiram a mesma escuridão e pensamentos desesperados, que podem estar nos perturbando neste exato momento.

Esta canção torna-se importante, pois reflete um coração que, do fundo de um poço escuro, procura a luz. Não olha para baixo, nem ao redor, mas para cima. Do pó do qual fomos criados, um coração quebrantado expressa a paciência da fé, que dá a Deus a chance de mostrar-se fiel. ∎

Pai celestial, nossa força e nossa visão são muito limitadas. Com frequência nossa tendência é pensar que o nosso bem--estar depende do que podemos ver ou sentir. Por favor, ajuda--nos neste dia a enxergar além deste momento, ao amor do Teu coração, ao sofrimento do Teu Filho, da promessa do lar e do futuro que Tu estás nos preparando.

27

POR QUE PAULO NÃO CITOU JESUS?

Os críticos da igreja levantam uma pergunta interessante sobre a credibilidade do apóstolo Paulo.

A dúvida soa mais ou menos assim: se Paulo representou Jesus como ele diz, porque raramente citou Jesus em suas cartas? Se ainda não ouvimos alguém apresentar este desafio antes, podemos nos surpreender por Paulo não ter sido o único que não citou Jesus tanto quanto gostaríamos que tivesse citado.

Pedro, Tiago e João seguiram o mesmo exemplo. Eles passaram três anos com Jesus, no entanto as suas cartas quase não mencionam especificamente algo que ouviram seu Mestre dizer. Nenhum deles se referiu às famosas palavras de seu Mestre, sobre o reino de Deus, o filho pródigo, o bom samaritano, o pobre, o doente ou o oprimido.

Pelos padrões judaicos é incomum esta ausência de menção direta. Estudantes de rabinos eram conhecidos por memorizarem e citarem seus mestres.

Por que as cartas dos discípulos de Jesus não dão mais atenção às suas histórias e

CITAÇÕES? Alguns críticos sugerem que Paulo não escreveu mais especificamente sobre Jesus porque ele veio mais tarde, e não conhecia o suficiente sobre o Rabino de Nazaré, para assim fazê-lo.

Mas se Paulo pudesse somente falar do seu encontro pessoal com o Cristo ressurreto na estrada de Damasco, esta mesma explicação não seria suficiente para o silêncio de Pedro, Tiago e João.

João, pelo contrário, teve contato pessoal com Jesus e ele o cita detalhadamente em seu evangelho, mas *somente uma vez* em suas três cartas (1 João 3:23).

Apesar de Paulo fazer o mesmo em suas cartas, sua credibilidade é questionada. Portanto, é importante compreender os papéis distintos dos evangelhos e das cartas do Novo Testamento.

OS EVANGELHOS E AS CARTAS TÊM OBJETIVOS DIFERENTES. Os evangelhos registram o que Jesus *disse* e *fez*. As cartas de Paulo e dos apóstolos explicam o *significado* e *implicações práticas* sobre quem Jesus era e o que Ele fez por nós.

Os autores das cartas do Novo Testamento não escreveram no mesmo estilo rabínico. Nem fizeram compilações dos fatos históricos que encontramos nos evangelhos de Mateus, Marcos, Lucas e João. Em vez disso, devido ao que tinham visto acontecer com Jesus, não se identificavam em suas cartas como *discípulos* de um rabino, mas como *servos* e *apóstolos* do Senhor ressurreto. Neste processo, suas cartas tornaram-se uma parte importante da Bíblia.

Se não percebermos a *voz* de Deus nas cartas do Novo Testamento, poderíamos cometer erros pensando que as palavras de Jesus têm maior peso do que as palavras de Moisés, Paulo ou dos apóstolos de Cristo. Por essa razão é tão importante lembrar que o próprio Senhor prometeu que após o Seu retorno ao Seu Pai, Ele enviaria o Seu Espírito para ajudar Seus discípulos no testemunho do que tinham visto e ouvido (João 14:26; 15:26, 27). Esta certeza nos ajuda a compreender como podemos ouvir Paulo, enquanto ouvimos Moisés e Jesus.

OS AUTORES DO NOVO TESTAMENTO ESCREVERAM PELO MESMO ESPÍRITO DE DEUS QUE INSPIROU MOISÉS E FALOU POR MEIO DE JESUS. Pela mesma inspiração divina que nos deu o Antigo Testamento e os evangelhos, estes autores ajudaram seus leitores a compreender quem Jesus é e o que Ele tem feito por nós.

- Paulo escreveu 13 cartas sobre as implicações práticas em crermos que "Deus encarnado" comprou a salvação eterna para todos aqueles que creem em Jesus (1 Timóteo 3:16; 2 Timóteo 2:19).
- João escreveu sobre o amor que será evidenciado em nossas vidas quando verdadeiramente crermos que a "Palavra da Vida" nos amou o suficiente para morrer em nosso lugar (1 João 1:1-3; 2:1-2; 3:23).
- Pedro descreveu o que é necessário para os seguidores de Jesus praticarem sua fé no Messias, que nos dá a esperança viva de Sua ressurreição dos mortos (1 Pedro 1:3; 2 Pedro 1:5-7).
- Tiago viu Jesus como Rei e Senhor da glória (Tiago 2:1), que nos liberta da culpa (Tiago 1:25) para que nossas vidas possam estar cheias de fé e ação (Tiago 2:17-22).
- Ainda temos o autor da carta aos Hebreus. Ele conclama seus leitores a não perderem a esperança em Jesus como "aquele a quem constituiu herdeiro de todas as coisas, pelo qual também fez o universo", e quem, como "o resplendor da glória" e "a expressão exata do seu Ser" e aquele que sustenta "todas as coisas pela palavra do seu poder", "depois de ter feito a

purificação dos pecados" e, "assentou-se à direita da Majestade, nas alturas" (Hebreus 1:1-3).

Transformados por sua fé em Cristo e inspirados pelo Espírito de Deus, estes autores escreveram cartas que são tão importantes para a igreja, como Moisés e os profetas foram para a nação de Israel.

AS CARTAS DE PAULO E DOS APÓSTOLOS RESSONAM COM O ESPÍRITO E PROPÓSITOS DE JESUS.

Tudo que eles escreveram reflete o Espírito de Deus cujo poder e presença eram tão evidentes em Jesus.

Apesar de Paulo ter feito somente uma citação direta sobre Jesus (1 Coríntios 11:24-25), e apesar de João provavelmente ter repetido as palavras de Jesus somente uma vez em suas três cartas (1 João 3:23), tudo o que eles escreveram expressa as atitudes, a missão e os princípios do Filho de Deus.

Por exemplo, a maior credibilidade do apóstolo Paulo é devida à sua disposição em suportar repetidos encarceramentos, torturas, e o desprezo dos seus conterrâneos para cumprir o que fosse necessário para compartilhar nos sofrimentos e propósitos de Cristo (Colossenses 1:24).

Neste processo, Paulo e os outros autores das cartas do Novo Testamento foram capacitados pelo Espírito Santo para expressar, *em suas próprias e inspiradas palavras*, conselhos práticos necessários para o incipiente corpo internacional que agora conhecemos como igreja.

Sem estas cartas, a relevante e inspirada atuação de Moisés, Israel, Jesus e a igreja do Novo Testamento estaria incompleta. ∎

Pai celestial, por favor, ajuda-nos a ouvir a Tua voz, não somente em Moisés e em Teu Filho, mas em toda a Escritura que Tu inspiraste em nossas vidas.

28

ORAR EM NOME DE JESUS

ALGUMAS HORAS ANTES de morrer, Jesus prometeu a Seus discípulos: "Se me pedirdes alguma coisa em meu nome, eu o farei" (João 14:14).

Dois mil anos depois, essas palavras continuam a ecoar em todo o mundo. Milhares de nós terminaremos nossas orações hoje "em nome de Jesus."

E QUANTO À PROMESSA? Se nos consideramos cristãos, provavelmente diremos que oramos em nome de Jesus. Não obstante, quem dentre nós iria sugerir que, orando desta maneira, recebemos tudo o que pedimos?

Talvez não consideremos a promessa de forma literal. Afinal, o senso comum nos diz que nosso Senhor não iria considerar a oração um cheque em branco que apenas precisa ser preenchido e assinado em Seu nome. Pais amorosos não dão aos seus filhos tudo que estes desejam. Além disso, alguns de nós seríamos perigosos se pudéssemos dizer a palavra certa e receber qualquer coisa que pedíssemos. Entretanto, se esse for o caso, por que o nosso Senhor adiante repetiu Sua promessa em honrar todos os pedidos feitos em Seu nome? (João 15:16; 16:23).

O QUE JESUS QUIS DIZER QUANDO PROMETEU HONRAR QUALQUER PEDIDO FEITO EM SEU NOME?

Felizmente, não precisamos adivinhar o que Ele quis dizer. No mesmo ensinamento, Jesus esclareceu que para receber respostas às nossas orações é necessário mais do que apenas acrescentar o Seu nome ao final de nossas petições. Ao comparar Seu relacionamento com os discípulos com a videira e seus ramos, Ele disse: "Se permanecerdes em mim, e as minhas palavras permanecerem em vós, pedireis o que quiserdes, e vos será feito" (João 15:7).

Em seguida, o apóstolo João nos esclareceu melhor. Em sua primeira carta no Novo Testamento, ele estimula seus leitores para que continuem crendo *no nome do Filho de Deus,* e então imediatamente acrescenta: "E esta é a confiança que temos para com ele: que, se pedirmos alguma coisa segundo a sua vontade, ele nos ouve. E, se sabemos que ele nos ouve quanto ao que lhe pedimos, estamos certos de que obtemos os pedidos que lhe temos feito" (1 João 5:14-15).

Aqui, pela terceira vez, temos a promessa da oração respondida. Porém, todas as três sentenças parecem vir com uma condição diferente. Como podemos ter certeza que "permanecer nele" e "pedir alguma coisa em Sua vontade" são explicações do que significa "orar em nome de Jesus"?

A resposta vem em outra pergunta:

O QUE É EM NOME?

No antigo Oriente Médio, nomes pessoais eram comumente escolhidos mais por seus significados do que por seus sons ou popularidade. Nesse sentido, o nome, com frequência, era considerado um reflexo do caráter de alguém.

Em uma cultura em que os nomes tinham tanta importância, o significado do nome de Jesus, consequentemente, fez mais do que proporcionar aos Seus discípulos o acesso ao Seu Pai. Quando

Ele disse: "Se me pedirdes alguma coisa em meu nome, eu o farei", estava dizendo que quando nossos pedidos se alinharem com o Seu coração e vontade, Ele nos dará o que queremos.

O QUE SIGNIFICA PEDIR EM NOME DE JESUS?

A resposta nos vem num modelo de oração que refletia o sentimento do próprio Senhor.

Quando os Seus discípulos pediram a Jesus para ensiná-los a orar (Mateus 6; Lucas 11), Ele demonstrou-lhes como orar em Seu nome, ao ensinar-lhes:

Pai nosso, que estás nos céus, santificado seja o teu nome: Este era o compromisso mais profundo do Filho. Ele nasceu para honrar o nome de Seu Pai (Lucas 1:31-32).

Faça-se a tua vontade, assim na terra como no céu: Como expressou em Suas primeiras palavras registradas, Jesus tinha vindo para fazer a vontade de Seu Pai (Lucas 2:49; João 5:30).

O pão nosso de cada dia dá-nos hoje: Ciente do que significa estar sem alimento ou abrigo, o Filho descansou na capacidade de Seu Pai de prover para Ele (Mateus 4:4; 8:20; João 4:32).

Perdoa-nos as nossas dívidas assim como nós temos perdoado aos nossos devedores: Mesmo sem pecados, Ele orou por aqueles que o crucificavam: "Pai, perdoa-lhes, porque naos sabem o que fazem..." (Lucas 23:34).

Livra-nos do mal. Diante de insultos, fome e medo, Jesus derrotou nosso inimigo ao resistir a cada tentação para não confiar em Seu Pai — mesmo a morte sobre a cruz (Mateus 4:1-11).

Juntos, então, cada elemento da oração do Senhor demonstra como fazer pedidos *em Seu nome.*

Reconhecidamente, isto pode compelir-nos a orar de maneira que, a princípio, possa parecer mais generalizada do que estamos acostumados. Contudo, o que poderia ser mais agradável ao nosso Deus do que expressarmos o nosso desejo em honrar Seu nome em todas as circunstâncias; pedir que Sua vontade seja feita diante de nossos piores medos; orar por provisão a cada dia, rogar por perdão enquanto demonstramos misericórdia em todos os nossos relacionamentos; pedir o livramento do inimigo em cada momento de tentação?

Com o tempo, podemos aprender que orar desta maneira pode capacitar-nos a concentrar nos "quês" os quais sabemos estar enraizados em Seu coração. Com o passar do tempo, podemos, verdadeiramente, descobrir maior convicção em nossos pedidos ao aprendermos a confiar a Ele os *como* e *quando* de Suas respostas. ∎

Pai celestial, ajuda-nos, por favor, a usar o nome do Teu Filho não apenas para vir com gratidão à Tua presença, mas para pedir por aquilo que nos ensinaste a pedir — por Tua honra, por amor do Teu Filho e também para o nosso júbilo.

29

RELATIVOS E ABSOLUTOS

EM QUESTÕES DE verdade e moralidade, alguns de nós pensamos em preto e branco. Outros em tons de cinza.

Os primeiros são mais propensos a usar palavras como *sempre* ou *nunca*. Já o segundo grupo tende a dizer: "Mas de vez em quando..." Esta diferença pode facilmente influenciar o modo como vemos a Bíblia. Os radicais (preto e branco) podem ver as Escrituras como eterna fonte de verdade e preceitos. Já os mais flexíveis (tons de cinza) estão mais propensos a ver os princípios gerais e que, em situações diferenciadas, a Bíblia usa uma verdade para complementar ou qualificar outra.

Uma vez que ambas as abordagens podem ser fonte de compreensão, vamos analisar a forma como a Bíblia nos ensina a pensar nos dois sentidos, tanto absoluto quanto relativo.

Por exemplo, ao descrever nosso Criador como alicerce e padrão de medida do que é verdadeiro, a Bíblia nos dá razões para crer que:

VERDADE ABSOLUTA E PADRÕES MORAIS são palavras (2 Timóteo 1:13), ações (João 3:20-21) e atitudes (2 Timóteo 3:10) que estão enraizadas e correspondem à realidade e retidão de Deus.

Por essa definição, a verdade absoluta reflete a realidade de Deus. A moralidade absoluta reflete Sua bondade e sabedoria. Ambas são independentes e não necessitam da confirmação humana.

Outro exemplo, o apóstolo Paulo enfatizou o que prezava como verdade absoluta quando escreveu, "Ora, ainda vos declaramos, por palavra do Senhor, isto: nós, os vivos, os que ficarmos até à vinda do Senhor, de modo algum precederemos os que dormem. Porquanto o Senhor mesmo, dada a sua palavra de ordem, ouvida a voz do arcanjo, e ressoada a trombeta de Deus..." (1 Tessalonicenses 4:15-16).

A VERDADE E MORALIDADE RELATIVAS podem refletir nossa perspectiva limitada da verdade absoluta (1 Coríntios 13:12). Podem também mostrar como nossas razões (13:1-3) e circunstâncias (Eclesiastes 3:1-11) determinam a exatidão, retidão ou iniquidade de nossas palavras e ações.

Por termos apenas o conhecimento parcial sobre o coração ou circunstâncias alheias, o apóstolo Paulo convocou os seguidores de Cristo a reter as críticas agressivas ou julgamentos arrogantes uns contra outros. Considerando as questões que estavam além da habilidade de total compreensão dos leitores, escreveu, "Quem és tu que julgas o servo alheio? Para o seu próprio senhor está em pé ou cai [...] Um faz diferença entre dia e dia; outro julga iguais todos os dias. Cada um tenha opinião bem definida em sua própria mente" (Romanos 14:4-5).

Ao escrever essas palavras, Paulo não estava desencorajando tentativas honestas e piedosas de apoio mútuo, responsáveis pelas verdades absolutas que compartilhamos. Ao contrário, estava nos lembrando que, quando se trata de possíveis implicações da verdade, devemos respeitar a liberdade uns dos outros de servir a Cristo, de acordo com a nossa consciência.

Mas Deus nos lembra do nosso relativo entendimento da verdade, sem intenção de nos humilhar.

Deus utiliza a verdade relativa para nos dar razão para crer nele e amá-lo. De Gênesis a Apocalipse, lemos não apenas sobre um Criador absoluto, perfeito, autoexistente e santo. Lemos também sobre uma fonte pessoal e absoluta que deseja que nos vejamos em relação a Ele e em relação ao Seu imensurável amor por nós.

Em outras palavras, se o nosso pensamento refere-se apenas a nós mesmos, somos suscetíveis a estar cheios de nós mesmos. Porém, se pensarmos em nós em relação ao amor e bondade de Deus, poderemos, mesmo em sentido limitado, ser elevados às verdades absolutas, maiores que nós mesmos.

Isaías tinha essa compreensão relacional de Deus quando escreveu, "Porque assim diz o Alto, o Sublime, que habita a eternidade, o qual tem o nome de Santo: Habito no alto e santo lugar, mas habito também com o contrito e abatido de espírito, para vivificar o espírito dos abatidos e vivificar o coração dos contritos" (Isaías 57:15).

Este Deus *reconcilia* nossa compreensão da verdade absoluta e relativa na pessoa de Jesus. Ele veio como aquele que comia e bebia com coletores de impostos e pecadores. Ele revelou o coração de Deus *em relação a* uma mulher samaritana que já tinha se casado cinco vezes e vivia com um homem que não era seu marido. Ele apresenta Deus oferecendo um relacionamento às pessoas doentes, oprimidas por

Satanás e desesperadas como nós. Ao morrer voluntariamente, em nosso lugar, Ele ofereceu amizade eterna no paraíso ao criminoso condenado, que compartilhou o Seu dia de execução.

Este é o Filho de Deus que veio a nós para mostrar pessoalmente como um Pai de *fidelidade absoluta* deseja ser compreendido por pessoas diaceradas como nós. ■

Senhor Deus, não podemos ao menos tentar entender como um Deus como o Senhor gostaria de ser visto e conhecido por pessoas como nós. Mas agradecemos porque nos ajudas a entender o Deus absoluto, em relação a nós. Obrigado. Em nome de Jesus, obrigado, agora — e sempre!

30

CITANDO PALAVRAS DE DEUS

EM ALGUNS GRUPOS, aqueles que acreditam ter ouvido Deus lhes falar são considerados inconstantes.

Outros grupos honram os membros que citam, com frequência, o que Deus disse aos seus corações.

Como muitos de nós consideramos que a prática tem implicações para nossa sanidade ou espiritualidade, pode valer a pena pensarmos juntos a respeito de uma questão que poderia afetar a todos nós, poderosamente. Deveríamos falar a respeito do que pensamos que Deus disse a nós da mesma forma que citamos a Bíblia?

Na questão da fé, muitos de nós acreditamos que o Criador, que ordenou a existência dos mundos ["Disse Deus: Haja luz; e houve luz" Gênesis 1:3], nos toca profundamente através de Sua criação, através de nossa consciência, de Suas Escrituras e também de Seu Espírito.

Mas se o nosso Deus pode falar claro o suficiente para que "ouçamos", será que isto significa que todos os meios que Ele utiliza para falar conosco são igualmente citáveis? Por exemplo, o que devemos pensar quando ouvimos alguém dizer algo do tipo: "Na noite passada, enquanto eu observava as estrelas, o Senhor me perguntou: 'Você não acha que sou grande o bastante para resolver os problemas com os quais você está lutando?'" Ou quando ouvimos pessoas dizerem: "Deus está me chamando para..." ou "o Senhor me assegurou que..." e também "O Senhor está me guiando para..." ou ainda "noutro dia, enquanto eu lia a Bíblia, o Senhor me deu uma promessa...".

Aqui está a verdadeira questão. E se ao nos referirmos a Deus dessas maneiras, colocarmos palavras em Sua boca que não refletem o que Ele nos diria em nossas atuais circunstâncias?

Nos dias do Antigo Testamento atribuir a Deus palavras que Ele não tinha dito era um crime punido com a morte. Em nome de Deus, Moisés declarou: "Porém o profeta que presumir de falar alguma palavra em meu nome, que eu lhe não mandei falar, ou o que falar em nome de outros deuses, esse profeta será morto" (Deuteronômio 18:20). Embora este texto seja muito antigo, demonstra a preocupação de Deus ao ser citado erroneamente.

Porém, também é verdade que a pergunta: "Deus disse isso?" aparece na Bíblia pela primeira vez, como a tática usada pelo diabo para plantar uma semente de dúvida na mente de Eva. Alguns, portanto, têm medo de fazer a mesma pergunta a si mesmos ou a outros, pois temem plantar a sua própria semente de dúvida.

Essa poderia ser uma preocupação legítima — a menos que a nossa intenção seja diferente da intenção do diabo. E se nosso propósito não é confundir, mas esclarecer o que Deus realmente disse? Como ter certeza de que estamos sendo tão cuidadosos ao afirmar aquilo que cremos como sendo uma palavra de Deus, da mesma maneira que estamos preparados para ouvi-lo falar?

MENCIONANDO O DEUS DA BÍBLIA. Imagine que, por exemplo, estamos considerando se devemos nos endividar para fazer uma compra de grande valor. Enquanto refletimos sobre a decisão, nossa leitura devocional para o dia é: "E o meu Deus, segundo a sua riqueza em glória, há de suprir, em Cristo Jesus, cada uma de vossas necessidades" (Filipenses 4:19). Será que ouvimos Deus dizendo através destas palavras: Façam a compra e confiem em mim para dar condições de pagá-la? Ou será que ouvimos o Senhor dizendo através das palavras de Paulo: Confie em mim para suprir as suas necessidades sem assumir esta dívida? Com certeza, o conteúdo bíblico nos garante a capacidade de Deus em cuidar de nós. Contudo, na tentativa de chegar a conclusões a partir das palavras do livro de Filipenses 4:19, é provável que ambas as interpretações acima representem o uso incorreto da Bíblia. Dependendo da forma como o texto é interpretado, Paulo poderia estar expressando o seu desejo de que Deus atenderia às necessidades daqueles que lhe deram sustento. Ou o apóstolo talvez tenha indicado a sua confiança de que Deus cuidaria dos outros assim como eles tinham cuidado de Paulo. *Qualquer* destes significados poderiam nos ajudar a confiar na capacidade divina de suprir nossas necessidades — à medida que ofertarmos para suprir as necessidades daqueles que estão servindo ao Senhor. Porém, *nenhum* dos significados nos dá o direito de afirmar que isto seja uma palavra de Deus a nós, sobre a decisão de contrair um débito. Para honrar, verdadeiramente, a Palavra de Deus escrita, precisamos lembrar que "o que Deus disse" está restrito ao sentido original e propósito do texto que Ele inspirou.

Referindo-se a Deus, o qual fala aos nossos corações.

Ao nos referirmos àquilo que sentimos que Deus falou ao nosso espírito, um pouco de cautela pode fazer muita diferença. Em vez de afirmar: "Deus falou ao meu coração," tudo que precisamos dizer é algo como: "Creio que Deus estava me dizendo" ou "tive uma forte impressão sobre o significado do que a Bíblia relatou ao citar Deus dizendo: 'De maneira alguma te deixarei, nunca jamais te abandonarei'" (Hebreus 13:5).

Dizer com sinceridade aquilo que *acreditamos* ter ouvido de Deus deixará claro que estamos falando a respeito do nosso ponto de vista sobre a orientação de Deus. Concentrarmo-nos em nosso papel na tentativa de compreender como Deus está trabalhando em nossas vidas é muito mais seguro do que assumir o risco de por palavras, que Ele jamais diria, em Sua boca.

Tal precaução pode nos deixar mais inseguros do que gostaríamos. Contudo, quem tem mais razão em ser cauteloso naquilo que afirmamos ser a voz de Deus do que aqueles entre nós com uma visão mais profunda da Palavra de Deus? ■

Pai celestial, Tuas palavras são preciosas demais para serem confundidas com as nossas. Perdoa-nos, por favor, por confundirmos sem querer os nossos desejos com as Tuas promessas. Não queremos duvidar de Ti — ou citar-te de maneira incorreta — por quem és e também por nós.

31

UM POR TODOS

EM NOVEMBRO DE 1947, Harry S. Truman, o trigésimo terceiro presidente dos Estados Unidos da América, tentou influenciar para que houvesse uma resolução nas Organizações das Nações Unidas que dividisse a Palestina em dois estados: judeu e árabe.

Truman posteriormente expressou sua convicção no renascimento do Estado de Israel dizendo: "Creio que Israel tem um futuro glorioso em seu porvir — não apenas [como] outra nação soberana, mas como a personificação dos grandes ideais de nossa civilização."

Curiosamente, desde então um dos líderes espirituais de Israel expressou pouca confiança em seu próprio povo. O rabino Meir Kahane (1932-90) revelou seu temor de que o seu próprio povo estava mais propenso a depender de seus aliados do que de Deus, que é a verdadeira fonte da sua grandeza.

O rabino Kahane, fundador da Liga de Defesa Judaica nos Estados Unidos, escreveu: Enquanto o judeu tiver apenas um aliado, ele se convencerá [...] de que sua salvação veio desse aliado. Somente quando ele está só — contra todos os seus próprios esforços e tentativas frenéticas — que ele, sem escolha, será impelido a se voltar para D- -s. (Nota: Em reverência ao seu Criador, os judeus praticantes utilizam o sinal gráfico, hífen, omitindo as vogais, ao referirem-se especificamente ao nome de Deus).

Se os comentários do rabino são apropriados, então o que ele disse sobre Israel deveria, também, nos dizer algo sobre nós mesmos. Quem dentre nós não está propenso a colocar a esperança e confiança em qualquer coisa — e não no Deus que nos criou para si mesmo?

Ver-nos refletidos na história de Israel é uma experiência decepcionante, mas também pode ser inspiradora. Se acompanharmos a história do povo escolhido em profundidade, veremos como Deus escolheu esta nação por amor a todos.

Por exemplo, é importante para todos nós sabermos que Deus não escolheu Israel porque esta era a nação mais numerosa (Deuteronômio 7:6-8). Ele escolheu um povo pequeno e fraco que não era melhor do que outros povos para que pudesse demonstrar o que Ele seria capaz de fazer por aqueles que nele confiassem.

O outro aspecto desta história é que Deus escolheu uma nação para demonstrar a todos que ninguém vive os grandes ideais de nosso Criador se depender de alguém ou alguma coisa que não seja o Deus que nos criou para Ele mesmo.

Em parte alguma esses dois aspectos desta história são mais bem percebidos do que nos acontecimentos que cercam o nascimento e morte do Messias de Israel, esperado por longo tempo.

De acordo com Mateus, em seu evangelho, nos dias do rei Herodes, os magos do Oriente vieram a Jerusalém e perguntaram: "...Onde está o recém-nascido Rei dos judeus? Porque vimos a sua estrela no Oriente e viemos para adorá-lo" (Mateus 2:1,2).

Mateus chegou a dizer que Herodes não era o único a ser incomodado por esta notícia. Ele escreveu: "Tendo ouvido isso, alarmou-se o rei Herodes, e, com ele, toda a Jerusalém" (2:3).

Ao compartilhar as emoções de Herodes, o povo de Jerusalém demonstrou que eles não estavam preparados para o aparecimento do Messias.

Trinta anos depois, um profeta chamado João Batista confirmou que Israel não estava preparada para receber o seu Messias. Ele conclamou os seus compatriotas a reconhecerem que os seus pecados os impediam de viver os grandes ideais do reino de Deus.

Contudo, nesta ocasião os líderes religiosos de Israel se sentiram ameaçados não apenas por João, mas por aquele que João chamou de "...o Cordeiro de Deus" (João 1:36).

Depois de três anos ouvindo e presenciando os milagres feitos pelo rabino de Nazaré, os invejosos líderes religiosos pediram a ajuda de Roma para se livrarem de Jesus.

Neste instante, a estratégia de Deus *um por todos* atingiu um cumprimento inesperado. No momento mais infame da história judaica, Deus usou os insultos, varas e pregos de Seus inimigos para personificar o momento mais áureo de Sua justiça, misericórdia e amor que o mundo jamais conheceu.

No supremo resgate de *um por todos,* o Filho de Deus se encarnou em um homem judeu perfeito e voluntariamente pagou o preço pelo pecado de todos. Em seguida, após três dias em um túmulo emprestado, Ele ascendeu dentre os mortos para oferecer perdão e imortalidade aos que cressem nele.

Tal ironia somente poderia proceder de Deus. Quem mais poderia usar nossos pecados mais desprezíveis como oportunidade para trazer-nos até Ele? Quem exceto Deus poderia usar a morte de Seu Filho para oferecer vida a todos? Quem a não ser nosso Criador escolheria uma nação que refletisse nossas mais corruptas inclinações por amor a todos? Quem senão nosso Deus nos daria

Seu Filho e Salvador que de fato encarna a justiça, misericórdia e imortalidade para as quais fomos criados? ∎

Pai celestial, obrigado por usar um "povo escolhido" para nos narrar nossa própria história. Acima de tudo, obrigado por usar esta nação para nos outorgar o nascimento de um Rei que estava disposto a sofrer e morrer de forma inexprimível a fim de compartilhar os grandes ideais de Seu reino conosco.

32

UMA FÉ QUE FUNCIONA

A FÉ E AS OBRAS podem existir separadamente? Os autores do Novo Testamento parecem estar tão preocupados em responder esta pergunta, que algumas vezes dão a impressão de se contradizerem.

Em alguns textos, por exemplo, o apóstolo Paulo se esforça ao máximo para enfatizar que a salvação é exclusivamente pela fé sem qualquer vestígio ou traço de esforço humano (Tito 3:5). Em sua carta aos romanos, ele escreve: "Mas, ao que não trabalha, porém crê naquele que justifica o ímpio, a sua fé lhe é atribuída como justiça" (Romanos 4:5).

No entanto, em outras passagens, todos os escritores do Novo Testamento, incluindo Paulo, também enfatizam a necessidade de ação que demonstre a nossa fé e dê provas de um correto relacionamento com Deus. O apóstolo Tiago é muito conhecido por escrever como se discordasse de Paulo. Em sua carta no Novo Testamento, Tiago argumenta que a fé sem obras é morta. Ele inclusive chega ao ponto de dizer que "...uma pessoa é justificada por obras e não por fé somente" (Tiago 2:24).

Com o passar dos anos, muito tem sido escrito para esclarecer esta aparente contradição. No mínimo, a resposta é que ainda que ninguém seja considerado justo diante de Deus por mérito humano, também é verdade que sem ações que demonstrem nossa fé, nosso relacionamento com Deus permanece imaturo e quase inexistente aos olhos dos outros (Tiago 2:18,22).

Para manter este equilíbrio, meus colegas de trabalho de Ministérios RBC e eu declaramos por escrito a importância da fé que salva e da fé em ação para sempre lembrarmos.

Porque cremos...

- *Porque cremos* que a Bíblia é uma revelação confiável de Deus, queremos que nossas vidas reflitam o que as Escrituras nos ensinam sobre quem é nosso Criador, o que Ele valoriza e o que Ele quer fazer em nós e por meio de nós.

- *Porque cremos* na trindade de Deus, queremos que nossos relacionamentos reflitam a unidade do propósito e a amorosa cooperação pelas quais o Pai, o Filho e o Espírito Santo cuidam um do outro.

- *Porque cremos* que Jesus Cristo é o nosso Salvador, Mestre e Senhor, queremos que as atitudes que Ele tem com Seus amigos e inimigos sejam também nossas atitudes.

- *Porque cremos* que Jesus morreu em nosso lugar e ressuscitou dos mortos para viver Sua vida por meio de qualquer um que confie nele, queremos investir o resto de nossas vidas para que outros vejam que o sacrifício de Jesus por nós é válido para eles também.

- *Porque cremos* que Jesus enviou Seu Espírito Santo para estar conosco e em nós, queremos viver com coragem e confiança que não vêm de nós, mas dele.

- *Porque cremos* em uma igreja, da qual Jesus Cristo é o Cabeça, queremos nos identificar com ela e demonstrar amor, pois esta é a família de Deus que ultrapassa todos os limites de distinção de idade, raça, gênero e classe.

- *Porque cremos* que Cristo faz de Seu povo embaixadores às nações, queremos participar de uma missão que transcende e alcança além das fronteiras de nação, etnias e religiões.
- *Porque cremos* que cada um de nós prestará contas de si mesmo a Deus, queremos estar tão cientes de nossos pecados que quando for necessário dar atenção aos erros de outros, o façamos com cuidado ao invés de prepotência e com verdades bíblicas ao invés de condenação.
- *Porque cremos* que somos mordomos da criação de Deus, queremos cuidar fielmente dos recursos espirituais, materiais e naturais que foram confiados a nós, para o bem de nosso próximo e para a honra de nosso Deus.
- *Porque cremos* na promessa do retorno de Cristo, queremos viver todos os dias de nossas vidas de maneira a refletir esperança ao invés de desespero, amor ao invés de ódio e gratidão ao invés de cobiça.

Certamente há perigos em um resumo como esse. Poderíamos ser como aqueles que fazem uma lista e consideram o trabalho feito. Sem reflexão sincera e contínua, poderíamos perder de vista como falhamos frequentemente em fazer nosso melhor. Sem nos lembrarmos da necessidade de fé e ações, poderíamos também esquecer que maturidade espiritual não é resultado automático da nossa salvação (2 Pedro 1:1-15).

Não podemos nos dar ao luxo de deixar de pedir ao nosso Deus que nos dê diariamente a graça que precisamos para demonstrar provas reais e contínuas de uma fé em ação. ■

Pai celestial, esquecemos tão rapidamente nossa necessidade de conscientemente caminhar por fé e não por vista. Presumimos tão facilmente que porque cremos em Teu Filho, teremos uma vida boa como consequência. Por favor, dá-nos hoje novamente a graça de que precisamos para mostrar Tua presença em uma fé que funciona.

33

DUPLAS FAMOSAS

Duplas famosas geralmente têm algo em comum. São a combinação certa de duas pessoas que ajudam uma a outra a fazer o que não poderiam ter feito sozinhas. Uma pequena lista poderia incluir:
Muhammad Ali e Joe Frazier
Fred Astaire e Ginger Rogers
Abbott e Costello
Sherlock Holmes e Watson
O Cavaleiro Solitário e Tonto

Juntos, estes duos nos trazem memórias de uma luta classificatória, uma dança, uma comédia, um gênio solucionador de crimes e um herói de infância. No entanto, um nada teria feito sem a parceria do outro. Sem a contraparte, ou sem um relacionamento semelhante, estas personalidades provavelmente nunca teriam se tornado nomes familiares.

A Bíblia também nos dá sua própria lista de duplas famosas, a qual inclui:
Adão e Eva
Abraão e Ló
Esaú e Jacó
Davi e Golias
Sansão e Dalila

CONFIANÇA 155

De muitas maneiras, cada uma dessas duplas também se tornou familiar. Mas esta segunda lista merece mais atenção do que a primeira. Os relacionamentos que encontramos descritos na Bíblia servem para mais do que apenas nos entreter. Eles servem para nos mostrar a verdade sobre nós mesmos e sobre o nosso Deus.

Neste processo, também nos trazem o cenário que pavimenta a vinda daquele que eventualmente elevaria a química das duplas famosas a outro patamar. Esta pessoa, que hoje conhecemos como Jesus, veio como uma forma de comunicação divina a que o apóstolo João se referiu como "a Palavra". No prólogo de seu evangelho, João escreveu:

"No princípio era o Verbo, e o Verbo estava com Deus, e o Verbo era Deus [...] E o Verbo se fez carne e habitou entre nós, cheio de graça e de verdade, e vimos a sua glória, glória como do unigênito do Pai" (João 1:1,14).

João, em seguida, colocou Jesus numa série de duplas que juntas elevam a verdade e a graça ao seu maior significado.

JESUS E JOÃO BATISTA: Raramente eles apareciam juntos em público; e quando o faziam era apenas para João engrandecer Jesus e dizer: "...Este é o de quem eu disse: o que vem depois de mim tem, contudo, a primazia, porquanto já existia antes de mim" (1:15).

Mas que tipo de apresentação é essa? Quando chegou o momento daquele que batizava anunciar algo como, "Senhoras e senhores, é minha honra apresentá-los àquele por quem vocês aguardam", ele não disse o que muitos esperavam. João não declarou, "E aqui está o tão esperado Rei." Em vez disso, referindo-se a Jesus, disse: "...Eis o Cordeiro de Deus, que tira o pecado do mundo!" (1:29).

Para continuar contando esta incrível história, o apóstolo João usou seu prólogo para colocar o "Cordeiro de Deus" em outro tipo de relacionamento.

JESUS E MOISÉS: Após Moisés ter morrido há quase 1.500 anos, ele apareceu, sobrenaturalmente, apenas uma vez com Jesus. Isto ocorreu em uma montanha ao norte de Israel. Nesta ocasião, Moisés, que tinha visto o fogo de Deus queimando no alto do Monte Sinai, viu na face de Jesus durante Sua transfiguração uma luz que era tão forte como o sol (Mateus 17:1-8). Por mais momentânea que essa aparição tenha sido, teve significado eterno. De acordo com João, "...a lei foi dada por intermédio de Moisés; a graça e a verdade vieram por meio de Jesus Cristo" (João 1:17).

Havia chegado o momento em que Moisés não deveria mais ser visto como a esperança e o orgulho de Israel. Era hora do tão celebrado legislador ser ofuscado pelo brilho de um Salvador que era cheio de graça e verdade (5:45-46).

JESUS E SEU PAI: Imediatamente após dizer que "...graça e verdade vêm por meio de Jesus Cristo", o apóstolo nos apresentou a dupla mais famosa de todas. Ao destacar a interação de Jesus com Seu Pai, João escreveu: "Ninguém jamais viu a Deus; o Deus unigênito, que está no seio do Pai, é quem o revelou" (1:18).

Mais tarde, quando Jesus falou sobre levar Seus amigos à casa de Seu Pai, um de Seus discípulos chamado Felipe pediu: "...Senhor, mostra-nos o Pai, e isso nos basta". Jesus respondeu, "...Filipe, há tanto tempo estou convosco, e não me tens conhecido? Quem me vê a mim vê o Pai..." (14:8-9).

Jesus continuou dizendo que por palavra e ação Ele havia vindo para mostrar que o Pai no céu é exatamente como Ele e que Ele é exatamente como Seu Pai (14:10-11).

Em lugar algum a revelação dos corações do Pai e do Filho eleva-se mais do que no sacrifício que fizeram para pagar o terrível preço de nossos pecados e de nosso resgate (2 Coríntios 5:21; 1 João 2:1-2). ∎

Pai celestial, já aplaudimos os que nos entretiveram. Mas em lugar algum encontramos alguém como o Senhor e o Teu Filho.

Em nenhum outro lugar encontramos razão para adorar e declarar com toda a criação: "...Àquele que está sentado no trono e ao Cordeiro, seja o louvor, e a honra, e a glória, e o domínio pelos séculos dos séculos" (Apocalipse 5:13).

34

QUEM OU O QUE MUDOU?

MALAQUIAS, O ÚLTIMO profeta das Escrituras hebraicas, citou Deus dizendo: "Porque eu, o SENHOR, não mudo..." (3:6). Entretanto, através dos séculos, muitos perceberam que, em algum lugar entre o Antigo e o Novo Testamento, o Deus da Bíblia *parece* ter mudado. Em vez de enviar guerra, enchentes, fogo e pragas, as páginas iniciais do Novo Testamento descrevem um Pai que enviou o Seu Filho não para julgar o mundo, mas para resgatá-lo (João 3:17; 12:47).

Certamente, os leitores da Bíblia que perceberam esta mudança não a imaginaram. Mesmo o evangelho de João reconhece que algo dramático ocorreu: "Porque a lei foi dada por intermédio de Moisés; a graça e a verdade vieram por meio de Jesus Cristo" (João 1:17).

Mas o que mudou? A partir daqui precisamos avançar com muito cuidado. Ainda que João tenha visto contrastes entre Jesus e Moisés, ele não nos deu motivos para acreditar que o Novo Testamento nos apresenta a um Deus mais gentil e amável.

O DEUS DE AMBOS OS TESTAMENTOS É "CHEIO DE GRAÇA E DE VERDADE". Quando João usou essa frase para descrever Jesus (João 1:14,17), estava repetindo o que o Deus do Antigo Testamento disse em primeiro lugar a respeito de si mesmo. As palavras de João ecoaram do Deus de Moisés que se apresentou como: "...SENHOR Deus compassivo, clemente e longânimo e grande em misericórdia e fidelidade" (Êxodo 34:6).

Se estas palavras evocam postura de soberania, é importante lembrar a história por trás dessas palavras. Desde os dias de Adão, o Deus do Antigo Testamento sempre tem sido mais gentil, misericordioso e paciente do que muitos possam acreditar. Ele é muito compassivo para não se preocupar quando somos feridos ou quando ferimos uns aos outros.

O DEUS DE AMBOS OS TESTAMENTOS TAMBÉM ESTÁ COMPROMETIDO A INTERVIR COM JUSTIÇA.

Nos dois testamentos, os julgamentos de Deus assinalam o Seu desejo de limitar e eventualmente impedir as ações de violência e opressão que cometemos uns contra os outros.

Quando Jesus expulsou os cambistas do templo (João 2:13-17), Ele não estava apenas desafiando a autoridade dos líderes religiosos de Israel. Ele estava agindo em defesa dos pobres que eram roubados na casa de Seu Pai (Mateus 21:12-13). Sua reação enérgica nos faz antecipar a chegada do grande dia da justa intervenção, quando, no fim desta era, Ele agirá com a intenção de purificar toda a terra (Romanos 3:26; Apocalipse 1–22).

SENDO ASSIM, DE QUE MANEIRA A GRAÇA E A JUSTIÇA VIERAM POR MEIO DE JESUS CRISTO?

É importante compreender que João não estava dizendo que a graça e a verdade vieram pela primeira vez em Jesus. Ao invés disso, o apóstolo contrastava os diferentes papéis de um legislador e um Salvador. Moisés nos deu uma lei que de tão fiel à bondade divina nos condena a todos (João 5:45). Jesus abriu Seu coração de tal maneira, que este ato demonstra o amor de Deus por todos. Ele nos mostrou até que ponto o Senhor está disposto a ir para ser *justo* (fiel à Sua própria justiça) e também o *justificador* (declarando-se justo consigo mesmo) àqueles que confiam nele (Romanos 3:26; João 12:46-47).

Reconhecidamente, estas podem soar como simples palavras se não nos atentarmos aos acontecimentos e aos significados intrínsecos. Em suas histórias contrastantes podemos compreender claramente como a graça e a verdade chegaram a cumprir-se totalmente em Cristo.

Considere, por exemplo, a *história das sandálias*. Enquanto apascentava as ovelhas no deserto de Sinai, Moisés aproximou-se de uma sarça ardente que era diferente de tudo o que já tinha visto. Ao aproximar-se para ver porque a sarça não se consumia Deus lhe falou do meio do fogo para tirar as sandálias porque o lugar em que ele pisava era terra santa (Êxodo 3:1-6).

O restante desta história foi escrito 15 séculos depois. Deus, mais uma vez, exigiu que aqueles que estavam em Sua presença tirassem as suas sandálias. Desta vez, entretanto, o Rei do universo tirou o Seu manto, pegou uma toalha, se ajoelhou e lavou os pés dos Seus discípulos (João 13:1-6).

Algumas horas mais tarde, o Servo dos servos suportou pessoalmente um julgamento pelo pecado, o qual foi muito maior do que todos os julgamentos coletivos do Antigo e Novo Testamento juntos. Nem ao menos podemos começar a entender, a maneira que o Filho de Deus sofreu e morreu como o Cordeiro de Deus para tirar o pecado do mundo (João 1:29). Com a Sua própria morte, Ele pagou completamente as notas promissórias do sacrifício do Antigo Testamento. Pregado numa cruz reservada aos inimigos de Roma, Ele clamou: "...Deus meu, Deus meu, por que me desamparaste?" (Mateus 27:46). ■

Pai celestial, a história daquele momento tão ansiosamente aguardado, nos mostra que o Senhor não mudou. Mas nós mudamos. Deste modo, desejamos ser novamente transformados — para jamais esquecermos a extensão da graça e da verdade que temos visto do Senhor em Teu Filho.

35

A ÁRVORE DA VIDA

Um filme recente começa com imagens poderosas do telescópio Hubble e a pergunta em sussurro: "Onde estavas tu, quando eu lançava os fundamentos da terra? [...] quando as estrelas da alva, juntas alegremente cantavam, e rejubilavam todos os filhos de Deus?" (Jó 38:4,7).

O filme, *A Árvore da Vida* (escrito e dirigido por Terrence Malick, estrelado por Brad Pitt, Sean Penn e Jessica Chastain) recebeu comentários diversificados. Alguns espectadores são cativados pela beleza visual e pelo realismo do filme. Outros se distraem com a espiritualidade de um drama que não descarta facilmente algumas das mais profundas perguntas da vida.

Os que não estão prontos para lidar com perguntas irrespondíveis poderão ter dificuldades com a lentidão do filme à medida que acompanham as vidas de três irmãos que cresceram na década de 1950. O espetáculo não está na ação, mas nos caminhos inevitáveis que um menino percorre para amadurecer enquanto lida com as maneiras antagônicas de seus pais agirem com os acontecimentos que fogem ao controle deles.

A mãe, por exemplo, crê que há duas maneiras de viver. Pouco antes de sua vida ser quebrantada pela perda, nós a ouvimos sussurrar: "As freiras nos ensinaram que há dois caminhos na vida

— o caminho da natureza e o caminho da graça. Você precisa escolher qual irá seguir. A graça não procura agradar a si própria, aceita ser desprezada, esquecida e não amada; aceita insultos e injúrias. A natureza só quer agradar a si própria. Faz os outros agradá-la também. Gosta de dominar sobre tudo; ter seus próprios meios. Encontra razões para ser infeliz quando o mundo todo está brilhando ao seu redor e o amor está sorrindo em meio a todas as coisas. As freiras nos ensinaram que, aqueles que amam o caminho da graça jamais terão um final infeliz."

Seu marido, ao contrário, procura preparar seus filhos para se defenderem como homens. Ele é um pai que diz: "É preciso vontade voraz para chegar à frente neste mundo", e "eu só queria que vocês crescessem fortes, que fossem homens de verdade...".

Os espectadores veem o jovem Jack tornar-se adulto, com uma perda gradual da inocência e uma crescente independência de seu pai, às vezes distante e super controlador.

Em momentos de perdas pessoais sufocantes, pode-se ouvir a mãe de Jack sussurrar para Deus: "Onde você estava?... Você sabia?"

Deparado com a realidade da morte, Jack faz suas próprias perguntas ao Criador: "Onde você estava? Você deixou um menino morrer. Você permitiu que algo acontecesse. Por que eu deveria ser bom se você não é?"

Como resultado, o filme mantém em suspense a beleza, a maravilha e a forma do universo em contraste com a brutalidade de perdas terríveis e perguntas perturbadoras que encontramos no livro de Jó.

Alguém poderia esperar que um filme tão atraente como *A Árvore da Vida* animasse algumas pessoas a dar uma olhada mais de perto no Livro do qual o filme recebe seu título e tema de

abertura. Aqueles que o fazem poderão descobrir temas no livro de Jó que falam ao coração de cada geração:
1. Algumas dores são resultado de nossas próprias escolhas (Jó 4:8).
2. Outros sofrimentos vêm por meio de julgamentos de amigos, que, sem intenção, aumentam o nosso sofrimento dizendo que prosperamos ou sofremos em igual proporção àquilo que merecemos (Jó 1:8; 32:3).
3. Além disso, algumas adversidades vêm de um inimigo que acredita que as pessoas só confiam em Deus por aquilo que podem receber dele (Jó 1:6-22).
4. Os sofrimentos contínuos podem desiludir até os melhores servos de Deus (Jó 3:1-26).
5. Nos momentos mais críticos de nossas vidas, Deus pode usar as maravilhas do que Ele tem feito para nos lembrar que temos razão para confiar nele (Jó 38-42).

Juntos, tais temas nos mostram que o livro de Jó oferece mais do que a pergunta sussurrada no prólogo de *A Árvore da Vida* de Malick. Mais importante, o restante da história nos leva a outra questão que tem uma maneira de colocar o silêncio de Deus em perspectiva.

O mesmo Criador que pergunta: "Onde estavas tu quando eu lançava os fundamentos da terra?..." (Jó 38:4), finalmente grita: "...Deus meu, Deus meu, por que me desamparaste?" (Mateus 27:46). Naquela pergunta momentaneamente sem resposta, a árvore da vida da Bíblia adquire um significado totalmente novo.

Quem poderia ter previsto que antes que a história da Bíblia terminasse, a beleza da árvore da vida original seria superada pela glória da cruz de um carrasco? Quem poderia ter imaginado que o Filho de Deus morreria em nosso lugar, para mostrar-nos o caminho da graça e dar um significado totalmente novo para a árvore da vida? ∎

Pai eterno, na confusão das perguntas para as quais não temos respostas, temos frequentemente confiado nos caminhos de nossa própria natureza caída, em vez de confiarmos na maravilhosa evidência de Tua graça. Em nossa dor, por favor, ajuda-nos a aprender sobre o que ensinaste a Teu servo Jó. Mas, além disso, por favor, ajuda-nos a lembrar do sofrimento de Teu Filho, que nos dá total razão de confiarmos em ti, mesmo quando nada mais parece fazer sentido.

36

NOSSOS PAIS

No STORYCORPS, um Projeto Público Nacional de Radio, eu ouvi Walter Dean Myers de 73 anos contar uma história que ele diz ter mudado para sempre seu modo como se lembra de seu pai.

Myers, autor de quase 100 livros, lembra que aos 14 anos já amava escrever. Como seus pais não tinham muito dinheiro, ele conta que começou a trabalhar cedo e logo economizara o suficiente para comprar uma máquina de escrever. Mas, de acordo com Myers, sua mãe tinha problemas com a bebida e gastou o que ele havia economizado.

Quando o pai de Myers, um zelador esforçado ficou sabendo o que acontecera, pegou um pouco de suas economias e comprou uma máquina de escrever Royal para seu filho.

Quando Myers se tornou um autor bem sucedido, a bondade de seu pai pode soar como o tipo de situação que toda criança teria valorizado. Porém, Myers lembra que nos anos que se seguiram, sua relação com o pai não era tão animadora. Embora seu pai tenha comprado para ele uma máquina de escrever, ele ficou profundamente magoado pelo fato de que ao longo dos anos ele nunca dissera nada sobre seus livros.

Myers conta que mesmo quando começou a incluir em seus livros algumas das histórias que tinha ouvido seu pai contar, ele jamais fizera qualquer comentário sobre elas.

Nesse ponto, o entrevistador perguntou a Myers se ele tinha alguma vez perguntado a seu pai por que ele nunca dissera qualquer coisa sobre seus escritos.

Myers disse que não, nunca tinha feito isso. E continuou dizendo que mesmo quando trouxe para seu pai, que estava nas últimas, um livro que acabara de escrever, este só segurou o livro, olhou para ele e o devolveu sem dizer uma palavra.

Este, porém, não é o fim da história. Depois da morte de seu pai, quando Myers estava olhando uns papéis da família, notou alguma coisa que o surpreendeu. Ele viu X em todo lugar onde deveria ter a assinatura de seu pai.

Emocionado, Myers continuou, dizendo: "Neste momento percebi que ele não sabia ler, e por isso nunca comentou nada sobre meus livros. Então compreendi e chorei... Eu poderia ter lido uma história para ele no hospital."

Neste ponto, a história de Myers funde-se com a nossa própria. Poucas coisas na vida são mais importantes que nossa capacidade de estarmos em paz com pensamentos e lembranças que temos de nossos pais e mães. No entanto, devido aos nossos próprios anseios por aprovação não satisfeitos, sentimentos de mágoa e ressentimento podem permanecer sem a compreensão que acabou significando muito para Myers.

Serve de ajuda para nós compreender que nossos pais são provavelmente mais como o pai de Myers — e como nós (necessitados, quebrados e com desejos não alcançados) — do que jamais sonhamos ou imaginamos.

Temos razões para acreditar que conflitos de gerações deste tipo são comuns a muitas de nossas famílias. Pense, por exemplo, sobre os pais na Bíblia. Quase todos eles veem a nós com problemas. Imagine o desgosto que Adão e Eva sofreram, especialmente depois que seu filho mais velho matou o irmão mais novo. Depois tem Abraão e Sara. Se lembrarmos somente de seus melhores momentos, deixamos de ver a maneira como eles magoaram outros por causa de sua falta de fé (Gênesis 20:1-9; 21:9-14). Embora tenham sido destinados a se tornarem patriarca e matriarca de um povo escolhido, as histórias de seus descendentes foram repetidas vezes frustradas por aquilo que hoje chamamos de "os pecados de nossos pais". A Bíblia não encobre as fraquezas pessoais de Isaque, as artimanhas de Jacó, o adultério de Davi, a tolice de Salomão ou a arrogância do reino dividido de Roboão.

Esses casos não significam que temos que desonrar nossos pais. Porém, o que isto pode fazer é ajudar-nos a evitar uma tendência que temos de engrandecer ou rebaixá-los. Na verdade, nossos pais não são nem tão bons nem tão maus como pensamos que são. Em muitos aspectos eles são exatamente como nós. Eles também passaram suas vidas buscando significado, segurança e satisfação. Eles também desejam um tipo de amor, aceitação e aprovação que não encontraram completamente em seus próprios pais.

Há uma boa razão para esta experiência universal. Embora tenhamos sido feitos, em parte da semente e descendência de nossos pais, não fomos feitos para eles. Também não fomos feitos para tirar proveito deles.

Talvez seja necessário diminuirmos as expectativas que temos de nossos pais para que possamos olhar além deles, ao Pai que nos fez para Si (João 14:8-9). ∎

Pai celestial, tem levado muito tempo para alguns de nós chegarmos a um acordo com nossos pais, cujas próprias lutas não vimos, nem entendemos. Por favor, ajude-nos a vê-los à luz da vida eterna, provisão e proteção que somente Tu podes dar. Certos de Tua presença, ajuda então a honrarmos a mãe e o pai que precisaram de Ti, tanto como nós precisamos agora.

37

O RUGIDO DA DECEPÇÃO

EM OUTUBRO DE 2011, 56 animais selvagens aterrorizaram a cidade de Zenesville, Ohio, EUA. O dono de um parque de animais exóticos, incomodado com desafios legais e queixas de vizinhos, atacou a comunidade abrindo deliberadamente as jaulas de seus animais pouco antes de anoitecer.

As autoridades locais reagiram alertando os vizinhos, colocando barricadas nas estradas e fechando as escolas. Após algumas tentativas fracassadas para tranquilizar os animais, agentes armados foram incumbidos de atirar em qualquer animal perigoso que se aproximasse antes que o pior acontecesse.

Nas horas que se seguiram, o que aconteceu foi doloroso demais. Quarenta e nove animais, incluindo um lobo, dois ursos pardos, nove leões machos e 18 tigres de bengala morreram. O dono do parque se suicidou.

Resultados trágicos como esse fazem desta uma notícia importante. Mas, há outra razão que me faz pensar sobre o que aconteceu em Zanesville. Isto me faz recordar das palavras e história do apóstolo Pedro, que escreveu: "Sede sóbrios e vigilantes. O diabo, vosso adversário, anda em derredor, como leão que ruge procurando alguém para devorar" (1 Pedro 5:8).

Por que Pedro comparou Satanás com um leão que ruge? Como é que o inimigo de nossa vida espiritual ruge, e por quê? Com essas perguntas em mente, vamos olhar juntos ao que Pedro nos diz em seguida. Em relação ao diabo, ele insiste: "...resisti-lhe firmes na fé, certos de que sofrimentos iguais aos vossos estão se cumprindo na vossa irmandade espalhada pelo mundo" (5:9).

Seja qual for o som do rugido, Pedro o correlaciona ao sofrimento. Embora ele não afirme que todo sofrimento venha diretamente do diabo, suas admoestações parecem estar em sintonia com aquilo que muitos de nós sabemos ser a verdade. Em momentos de medo, falhas e sofrimentos, podemos entrar em pânico e cair nas mentiras do acusador que investe contra nós.

A história do próprio Simão Pedro nos dá uma clara visão de como isto lhe aconteceu. Naquela que deve ter sido a noite mais difícil de sua vida, ele ouviu Jesus dizer: "Simão, Simão, eis que Satanás vos reclamou para vos peneirar como trigo! Eu, porém, roguei por ti, para que a tua fé não desfaleça; tu, pois, quando te converteres, fortalece os teus irmãos" (Lucas 22:31,32).

Não levou muito tempo para que as palavras de Jesus se tornassem realidade. No Jardim do Getsêmani, Pedro adormeceu enquanto seu Mestre agonizava em oração. Depois, repentinamente, como se fosse um terrível pesadelo, ele viu seu Messias ser preso, amarrado como um criminoso, e levado em custódia por líderes religiosos que o queriam morto.

O leão estava agindo. Quando Jesus foi levado preso, a maioria dos outros discípulos correu para salvar suas vidas, deixando Pedro sozinho. No frio e escuridão da noite, ele estava confuso e com medo.

Ironicamente, quando o leão rugiu novamente, pareceu, num primeiro momento, apenas como a voz de uma jovem mulher que reconheceu Pedro como um dos discípulos de Jesus (Lucas 22:56-57). Mas o discípulo que acreditara estar pronto para ser preso com Jesus ou morrer com Ele, agora sentiu surgir um pânico inesperado. Ele jamais imaginou este tipo de desfecho. Se estavam querendo matar Jesus, eles o matariam também. De repente, ele estava praguejando e negando que tivesse conhecido o Rabi de Nazaré.

Naquele momento, Pedro sentia-se como um animal fraco, separado do rebanho, perseguido por um predador determinado a devorá-lo.

A Bíblia não descreve o que Pedro estava realmente pensando ou sentindo. Mas o que fica claro é que o discípulo, que uma vez se mostrara corajoso, tinha falhado em corresponder às suas próprias expectativas.

Se nos colocarmos no lugar de Pedro, poderemos pensar que ele estava temporariamente consumido pelas emoções de autodesprezo, insignificância, culpa e vergonha.

Se isto estava acontecendo com Pedro, era consistente com as estratégias de seu inimigo. Satanás é um mentiroso que deseja que creiamos no oposto do que Deus está realmente fazendo ou pensando sobre nós.

O inimigo de Pedro era verdadeiro. Mas ele é um inimigo especialista em ilusão. O rugido do leão era uma tática ilusória de medo. Se ele pudesse devorar Pedro, seria com mentiras.

A verdade, no entanto, novamente viria à tona. Enquanto Pedro agonizava reconhecendo seu próprio fracasso, Jesus ressuscitou da morte para começar a contrariar as mentiras do inimigo abertamente. Nos 40 dias seguintes, Jesus apareceu repetidas vezes a Pedro e aos outros discípulos.

Em uma dessas aparições, Pedro descobriu que sua traição não era o fim. O fato de praguejar e negar a Cristo não o tornou inútil para seu Senhor. Sua fé não foi destruída. O desfecho foi melhor do que ele poderia ter esperado. Jesus reassegurou a Pedro que sua oportunidade de amar a Cristo, e ajudar aqueles pelos quais Cristo tinha morrido, estava apenas começando (João 21:15-17). ∎

Pai celestial, por favor, ajuda-nos a lembrar que nosso inimigo é tão verdadeiro como são verdadeiras as suas maneiras de nos enganar. Ao ouvirmos o rugido dos problemas, ajuda-nos, por favor, a nos voltarmos para a firme certeza de que nosso Advogado nos defenderá, ao invés de nos deixarmos ser devorados pelas mentiras de nosso adversário.

REFLEXÕES...

REFLEXÕES...